有声语文

再生长

诗性体验与智性思维的

白芳／著

山东城市出版传媒集团·济南出版社

图书在版编目（CIP）数据

有声语文：诗性体验与智性思维的再生长／白芳著. —济南：济南出版社，2023.9
ISBN 978－7－5488－5386－2

Ⅰ. ①有… Ⅱ. ①白… Ⅲ. ①汉语—口语—教学研究—高中 Ⅳ. ①G633.302

中国国家版本馆 CIP 数据核字(2023)第 176707 号

有声语文：诗性体验与智性思维的再生长
YOUSHENGYUWEN：SHIXINGTIYANYUZHIXINGSIWEIDEZAISHENGZHANG
白　芳/著

出 版 人　田俊林
责任编辑　陈　琛　侯燕增
封面设计　王　焱

出版发行　济南出版社
地　　址　济南市二环南路 1 号（250002）
印　　刷　山东天马旅游印务有限公司
版　　次　2023 年 9 月第 1 版
印　　次　2023 年 9 月第 1 次印刷
成品尺寸　170mm ×240mm　16 开
印　　张　13.25
字　　数　260 千
定　　价　58.00 元

前 言

初登讲台时,经验丰富的前辈告诉我,做教师要有“长板思维”,不要只想着弥补不足,更要懂得扬长避短。

年轻的我一直在思考:我的长处在哪里?是善于朗诵,是容易共情,是愿意思考,还是爱岗敬业?我思考了很久,迷茫了很久,不知道应该在教学的哪个版块、哪个方面扎下一个根。

直到我遇见因为考试失利而痛苦崩溃、焦虑不已的脆弱的学生;遇见身材高大却从来不敢高声说话,有些内向木讷的学生;遇见为了将更多时间投入学习而放弃爱好,剪掉一头长发却依然未能提高成绩的失落的舞蹈特长生……我渐渐明白了教育的真谛,也明确了前行的方向。

我要做观照学生生命成长的语文教师,我要构建书声琅琅、充满活力的语文课堂,我要努力培养“听说读写”素养全面发展的学生,让他们在诗性体验的不断深化和智性思维的不断成长中,领悟生命的价值与意义,觉察肩上的责任与使命,感知生活的幸福与艰辛,不断成长为新时代浪潮中那个“最好的自己”。

于是,我在自己的语文世界里悄悄埋下一颗种子,悉心照看、全情培育。历经了“生命形态的语文课堂教学研究”“指向语言建构与运用的高中语文口语教学实践研究”等一系列探索后,一株名为“有声语义”的幼苗破土而出!

“有声语文”以生命教育的全程育人理念为追求,以口语教学为突破点,以诗性体验与智性思维发展为核心理念,以“有声音”“有生气”“有生命”三者的融通贯穿来滋养生命发展。它依托于“两课六形”语文课堂,在多边互动中,以“有声输出”激发学习兴趣,促进“深入体验”和“深度思考”,从而让学习真实发生,让生命真正成长。在“有声语文”课堂教学的实践模式中,“强化口语综合课”和“口语表达专题课”是其两种教学课型,内涵与侧重点有所不同。沉浸式朗读、自由式发言、开放式演讲、随机式辩论、理解式对话、体验式表演则是“有声语文”的六种教学活动形态，是促进学生走向深度学习的重要策略与具体方法。

“有声语文”注重学生的情感体验与思维发展，关注学生学科核心素养的提升，重视学生自我发展力与生命成长力的培养。我们认为，提出“有声语文”教学主张，有助于实现语文教学由知识形态课堂向生命形态课堂的转型。而“两课六形”语文课堂的创设使“有声语文”教学主张真正进入实践层面，在一定程度上实现了生命形态课堂由理论倡导向实践落地的跨越。

我深深地为之欣喜，也虔诚地期待她能为我们所钟爱的语文教育事业推开一扇新的窗户！

目　录

第一章

“有声语文”教学主张的提出

理想的教育应该是面向生命、面向未来的，应该是唤醒生命、发展生命的。正如陶行知先生所说，教育的作用就是使人天天改造，天天进步，天天往好的路上走。教育就是师生一起经历并获得成长的生命过程，教育应体现出对生命的关怀，呈现与生命过程同质的基本形态特征。

语文教学是促使学生建构语言、发展思维、塑造审美、传承文化的过程，其本质是一种生命的表达和体验，是学生个性全面发展的基石。相较于外显的语文知识，内在的生命观照也是语文教学中关键的一环。教师在教学过程中应坚持诗性体验与智性思维并重，倡导“生命涌动 · 本色课堂”的理念。

然而，当下高中语文教学中功利性、应试化倾向仍然比较严重，许多课堂气氛沉闷枯燥，有些教师忽视学生全面语文素养的培育，不关注学生自我发展力、生命成长力的培养。例如，对学生“听说读写”四种能力的培养，存在重“读写”轻“听说”的现象，其中“读”还侧重在阅读理解方面，不注重朗读。这种不均衡，导致许多学生不会倾听，更不善表达。语言是思维的外壳、情感的载体，是学习过程中“输入”“输出”的载体，而听说朗读等口语能力不足带来的语言素养缺失，易导致学生情感体悟难以深入和思维发展力有不逮。

我们尝试以语文口语教学作为突破口和切入点，试图从打破沉闷的课堂氛围开始，全面培养学生的学科素养，听到学生生命拔节的声音。在探索中我们逐步提出“有声音”“有生气”“有生命”三个核心概念，倡导学习有声音，课堂有活力，生命有深度，形成“有声语文”的教学主张。随着实践的深入，又创设了“两课六形”语文课堂。我们借鉴并发展具身认知理论，以生命教育理念下的全程育人为追求，以诗性体验和智性思维为核心理念，以口语表达和交际训练为主要活动，借助强化口语综合课和口语表达专题课两种课型，利用沉浸式朗读、自由式发言、开放式演讲、随机式辩论、理解式对话、体验式表演六种教学活动形态进行教学实践，优化课堂生态，不断提升学生倾听能力、对话能力、感知能力、思辨能力和生命意识等重要素养，助力学生自我发展和生命成长，为其长远发展奠定基础。

第一节　理想语文课的困厄

我们的教育教学要落实立德树人的根本任务,要培养有理想情怀、有责任担当、有健全人格、有核心素养的时代新人。课堂,无疑是学校教育的主阵地,我们呼唤理想的教育、理想的语文课。

理想中的语文课,充满爱意、善意和诗意,充满言语的灵性和思维的火花。它是书声琅琅、深情投入的语文课;是唇枪舌剑、思维碰撞的语文课;是学习文化、锻造思想的语文课;是春风化雨、润物无声的语文课;是师生的生命际遇空间,是师生思想和情感聚会的场所。在这样的课堂上,教师是知识的传授者,能力的培养者,更是智慧的启迪者,学生生命境界的提升者。师生融洽相处,和谐互动,在语文的世界遨游,在真善美的海洋里徜徉。在这充满灵性和智慧、富有生机和活力的语文课上,学生的朗读水平高了,对话能力强了,感悟体验丰富了,思维水平发展了,生命意识增强了。他们会逐渐成长为明辨是非、知书达理、表达得体、落落大方的拥有必备素养和优良品格的新时代优秀青年。

然而,理想是美好的,现实却是残酷的。真实的课堂要满足各种各样的要求,要应对层出不穷的问题,虽然不乏精彩课堂,但更多课堂的效果却不尽如人意。相信很多人都看到过或经历过这样的场景:教师在讲台上滔滔不绝、自我陶醉,学生却无精打采、昏昏欲睡;教师低声慢语、照本宣科,学生却凝神发呆、不知所获;教师启发诱导、再三发问,学生却不为所动、闭口不言;教师苦口婆心、痛心疾首,学生却充耳不闻、各行其是……

沉闷的课堂、乏味的课堂、冰冷的课堂、功利的课堂已经离理想中的语文课越来越远了。本应激发灵性、启迪智慧、铸造灵魂的语文课,离学生鲜活的生命越来越远了。学生被一个个枯燥琐碎的知识点包围,被一遍又一遍的机械刷题奴役,没有朗读体悟,没有多边互动,没有深度交流。日复一日,学生学语文的兴趣被磨灭了,学习热情衰退了,学科素养也没有得到全面培养,更谈不上得到有意识的价值引导和精神滋养。

理想语文课面临困厄境地,语文课堂改革势在必行,刻不容缓。

第二节 口语教学成为有效突破点

要根治当下语文课堂的沉疴积弊,必须进行语文课堂改革。一般来说,课堂改革包括师生关系变革、学习方式变革、课堂结构调整、课堂生态环境优化等方面。影响语文课堂教学质量和效率的因素繁杂多样:从教学理念到教学行为,从教学目标到实施策略,从教学过程到教学结果,从教师表现到学生状态,从学校环境到家庭影响,从课内活动到课外实践,从学习材料到学习方式,从教学环境到信息技术的应用等。凡是语文学科课程建设与教学必须依赖的要素都影响着语文课堂教学的有效性。

面对纷繁复杂的教学问题和教改因素,我们该如何入手,拨云见日?如何披沙拣金,牵起“牛鼻子”?经过实践探索,我们发现:在实际教学中,从最明显、最直接的问题入手,有的放矢、对症下药,往往会起到“先手棋”“关键棋”的重要作用。

针对“课堂沉闷”“启而不发”等问题,有意识地重构课堂教学新生态,或许能撬动整个语文课堂教学的改革。我们尝试强化语文口语教学,增加朗读、对话与讨论的时间,构建有表达、有倾听、有回应的语文课堂,犹如不断地往一池死水中投入亮晶晶的小石子,不但激起了水花、荡出了涟漪,还形成了波澜,凝成了水汽,变成了碧汪汪一池充满生机的春水。以口语教学为突破点,从让学生愿意朗读开始,从让学生能口头表达观点开始,从让课堂有学生自己的声音开始,能够在很大程度上解决课堂气氛沉闷、师生关系疏远、课堂结构僵化等问题,让语文课堂不断趋于理想。

汉语作为我们的母语和工作语言,很重要的一项作用便是进行口语表达与交流。口语交流是人们日常生活的必需,也是民族语言文化发展的前提和要求。自古以来,我国就非常重视“言”“谈”的价值。著名思想家、教育家孔子就是典型代表,相传孔门四科中,就有一科是“言语”科。《论语・先进》第三章记载:“德行:颜渊,闵子骞,冉伯牛,仲弓。言语:宰我,子贡。政事:冉有,季路。文学:子游,子夏。”这就是说,孔门弟子根据其学业特长分为德行、言语、政事、文学四科。孔子之后，孟子、晏子、苏秦、张仪等善于言语之人相继名声大噪，这些事迹也正是我国自古以来重视口语能力的鲜明体现。

隋唐时期，科举制度兴盛，笔试流行，人们开始由重"言""谈"逐渐转向了重"读""写"。到了20世纪末，应试之争愈演愈烈，关系学生前途命运的重大考试，几乎无一例外采用"笔试"的形式，于是，学生口语能力逐渐被漠视，"听""说"培养被边缘化。再加上如今科技越来越发达，热衷于智能手机等电子通信工具的"低头族"越来越多，人们面对面的交流越来越少，"现实失语"现象日益严重，青少年的口语能力参差不齐、每况愈下。可见，强化口语教学重要而必要，是语文课堂改革的突破口和重要内容。

一、符合时代和社会发展的要求

人类要在社会中生存、立足，不可能像荒岛一样孤立地存在，必然离不开口语表达与交流。据统计，成人在进行语言交际活动时，40 %～50 %的时间用于听，25 %～30 %用于说，只有 11 %～16 %用于读，9 %用于写。可见，口语表达是人类交际的最基本方式，倾听能力、对话能力是极其重要的生存技能。

进入 21 世纪以来，信息技术发展迅猛、运用广泛，人类进入信息化社会，新型人才的培养逐渐成为各企业、行业、国家竞争的重要决定因素。各个国家、地区、国际组织和专业机构都根据各自的需求，厘定了 21 世纪核心素养的内涵和框架。各个框架虽有差异，但毋庸置疑，口语表达能力、合作能力、思辨能力等已经成为人们自我发展、价值实现、服务社会的重要素养。

国际经济合作与发展组织（OECD）确立了三类核心素养（见图 1－1）：交互使用工具的能力——交互使用语言、符号和文本的能力，交互使用知识和信息的能力，交互使用技术的能力；在异质群体中有效互动的能力——与他人建立良好关系的能力，合作能力，管理并化解冲突的能力；自主行动能力——适应宏大情境的行动能力，形成并执行人生规划和个人项目的能力，维护权利、兴趣、范围和需要的能力。

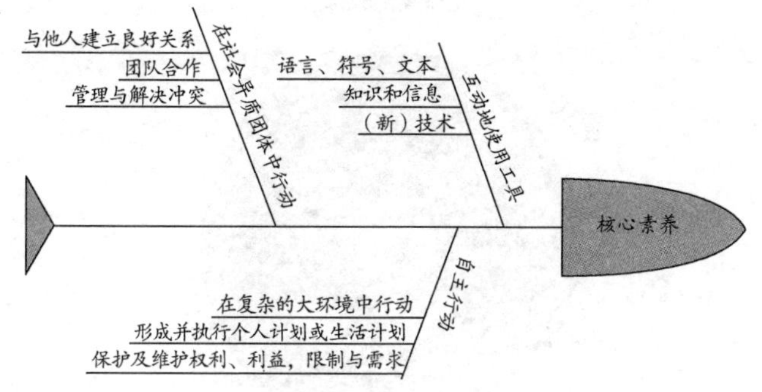

图1-1:国际经合组织提出的核心素养指标体系

欧盟2005年发表《终身学习核心素养:欧洲参考架构》,正式提出与终身学习密切相关的八大核心素养:母语沟通能力、外语沟通能力、数学和科技基本素养、数字(信息)素养、学会学习、社会与公民素养、创新与企业家精神、文化意识和表现。

美国的"21世纪学习框架"(见图1-2)规定了三方面内容:学习与创新技能——创造力与创新、批判思维与问题解决、交流沟通与合作;信息、媒体与技术技能——信息素养、媒体素养、使用信息和通信技术的素养;生活与职业技能——灵活性与适应性、主动性与自我导向、社会与跨文化素养、效率与责任、领导与负责。

新加坡"21世纪素养框架"(见图1-3)提出4个理想的教育成果,即自信的人、主动的学习者、积极的贡献者和热心的国民。其核心素养框架由内到外共包含三部分内容:核心价值观——尊重、诚信、正直、关爱、抗逆、和谐、负责;社交和情商能力——自我意识、自我管理、社会意识、人际关系管理、负责任的决策;21世纪新兴技能——公民素养、全球意识和跨文化交流,批判性与创新性思维,交流、合作和信息技能。

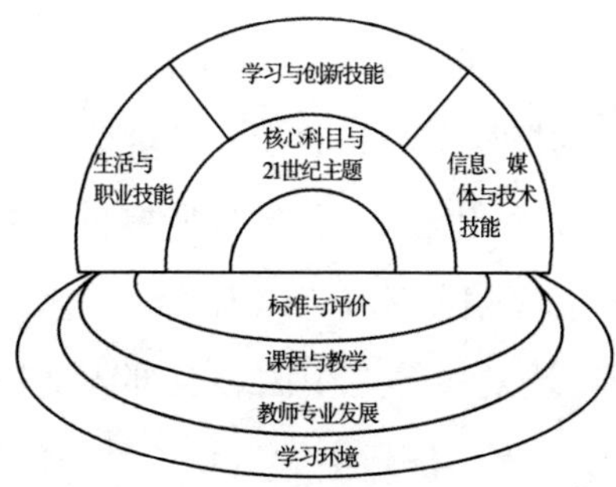

图1-2:美国21世纪学习框架

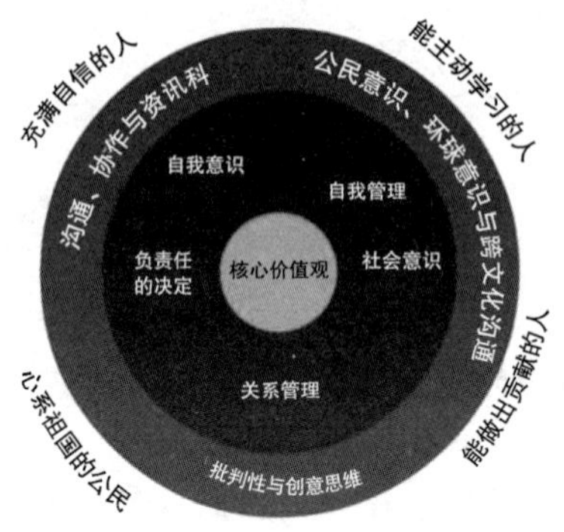

图 1－3：新加坡 21 世纪素养框架

中国学生发展核心素养总体框架（见图 1－4）以培养“全面发展的人”为核心，分为文化基础、自主发展、社会参与三个方面，综合表现为人文底蕴、科学精神、学会学习、健康生活、责任担当、实践创新等六大素养，各素养之间相互联系、互相补充、相互促进，在不同情境中整体发挥作用。为方便实践应用，将六大素养进一步细化为 18 个基本要点，如图 1－4 所示。

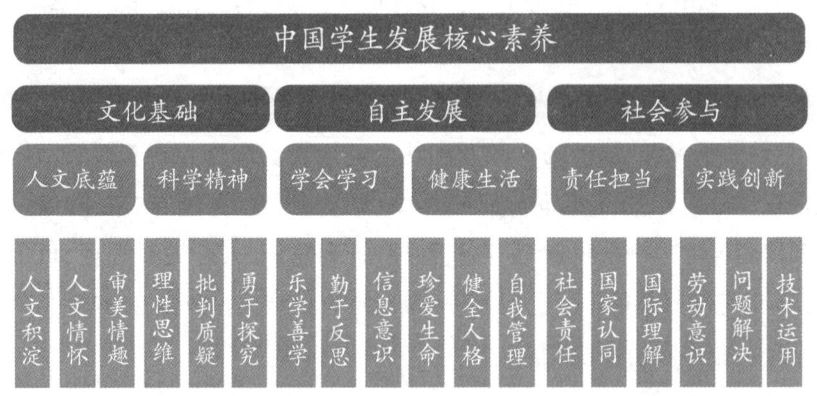

图 1－4：中国学生发展核心素养总体框架

那么，这些各具特色的框架有没有共识？荷兰学者沃格特等人曾对世界上著名的八个核心素养框架进行比较分析，发现所有框架共同倡导的核心素养是协作素养、交往素养、信息通信技术素养、社会和（或）文化技能、公民素养。2016 年，北京师范大学师曼、刘晟等在中国教育部人文社会科学青年基金项目中，也曾梳理全球 29 个核心素养框架中的素养条目，得到 2 个范畴 18 项核心素养，并通过频次统计分析了这 18 项核心素养在不同组织或经济体中的受关注

情况(见图 1－5)。以语言素养为例,29 个框架中有 14 个框架将其收录;沟通与合作素养,则有 24 个框架将其收录,高居第一位。

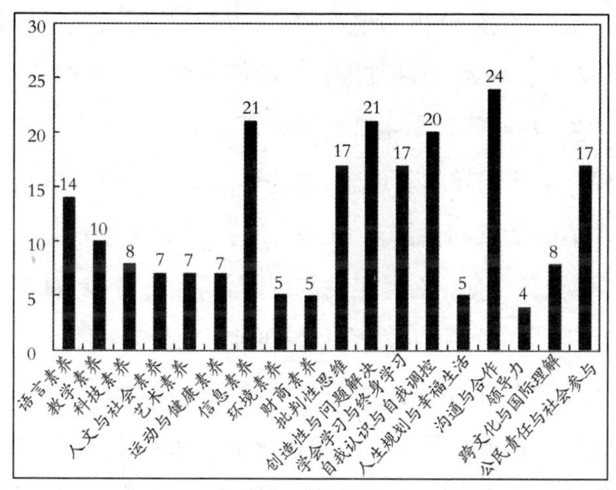

图 1－5:国际组织和经济体对不同核心素养关注情况的频数统计

可见,当今社会对能力素养提出了明确要求,而协作素养、交往素养的提升,离不开口语表达与交流,思辨能力、生命意识的增强也有赖于语言的交锋、思想的碰撞。语言技能的掌握和运用是人与人之间互相沟通,进行合作,形成人际关系的前提,是人们赖以生存和发展的基本能力。以口语教学为突破点的高中“有声语文”符合时代发展、社会进步的需要。

二、契合语文新课程改革的理念和方向

《普通高中语文课程标准》(2017 年版 2020 年修订)进一步明确了普通高中教育的定位,厘清了语文课程性质。指出要以“促进学生全面而有个性的发展”为主要任务,以“进一步提升学生综合素质,着力发展核心素养,使学生具有理想信念和社会责任感,具有科学文化素养和终身学习能力,具有自主发展能力和沟通合作能力”为培养目标。指出了语文课程的“综合性”与“实践性”特点,还提炼了学科核心素养,强调“既要关注知识技能的外显功能,更要重视课程的隐性价值”,要让学生多经历、多体验。强调要“引导学生在真实的语言运用情境中”,“通过阅读与鉴赏、表达与交流、梳理与探究”等自主语言实践活动,积累言语经验,培养良好语感,促进思维发展与提升。引导学生在听说读写中

学，在听说读写中用，“能根据具体的语言情境和不同的对象，运用口头和书面语言文明得体地进行表达和交流；能将具体的语言文字作品置于特定的交际情境和历史文化情境中理解、分析和评价”。可以看出，听、说、读、写既相对独立、不能互相替代，又相互联系、相互制约、不能任意偏废。正如叶圣陶先生所说：“听、说、读、写四项缺一不可，学生都得学好。”

语文新课程标准所倡导的新理念，是进行语文课程改革的指导思想和基本保障。新课程改革的重点和落脚点仍然聚焦在课堂教学方面。课堂是一个浓缩的特殊的社会领域，具有相对稳定性和封闭性，是一个以集中生活的方式、以同质的活动状态、以特定的师生关系为基础，以情感为纽带，以规范为约束，以促进学生的发展为根本目标的社会场域，是学校教育教学的主阵地。新课程改革的最初动因和愿望在很大程度上指向传统语文课堂教学存在的弊端和问题。

传统语文课堂存在重知识传授轻情感体验，重内容积累轻思维训练，重纸笔测试轻听说训练，重学习结果轻学习过程，重学习态度轻学习方法，重分数提升轻精神引领，重集体辅导轻个体展现等问题。这直接导致学生把大部分时间和精力都花费在“识记”“默读”“理解”“写作”上，对应试之外的“朗读”“倾听”“会话”“探究”不感兴趣、无力应对。这也导致了语文日常教学中学生主动“言说”的缺失，许多学生不会倾听，更不会“说”。他们有的言之无物、不知所云，东一榔头西一锤头，不着边际，废话连篇；有的张口结舌、思维混乱、前言不搭后语，言语中还充斥着“嗯嗯啊啊”“这个”“那个”“然后然后”等无意义音节；还有的说话不分场合、不看对象，口无遮拦；更有甚者缺乏自信，词钝意虚，不敢表达。这些现状是对语文教学本质的背离，是学生建构并运用语言的学习机会的流失，也是学生自主参与建构认知过程的缺失。

可见，提倡以口语教学为突破点的“有声语文”，是符合语文教学规律、符合新课程标准理念、新课程改革方向的。在如今重读写、轻听说的现状下，注重听说能力培养的口语教学无疑是语文课程改革的突破口。

三、能有效促进学生学习和人格发育

钟启泉教授曾说：“没有交往就没有教育，课堂是儿童天然交往的场所。”缺少口语表达和交流的课堂是不完整、不科学的课堂，不利于学生的学习进步和

人格发育。教师在课堂中应该追求的,并不是“教学技术”,而是如何保障每一个学生的“学习权”,实现每一个学生真正的学习与成长。然而,紧张沉闷、空气凝滞的课堂氛围显然不利于学生放松身心、活跃思维,尤其是那些暂时处于敏感细腻、胆怯内向状态的学生,这将严重影响学生的学习效果,妨碍他们的情感体验和素养提升。

以口语教学为突破点,鼓励学生在学习过程中“有声音”,注重给每一个学生开口的机会,能有效放大学生学习的“输出”功能,有助于提高学生的口语水平,打破沉闷的课堂氛围。课堂教学中,教师“以声破寂”,引导学生“学会演讲”“朗诵文学作品”“在讨论或辩论中积极主动地发言”,鼓励引导学生先说起来、读起来、讨论起来,课堂氛围就能更和谐融洽,学生安全感增强,逐渐变得更有活力、有灵性,学习效果自然更好。

以口语教学为突破点,还可以促进学习方式的改变,实现以“输出”带动“输入”,引导学生在“无声学习”和“有声输出”中深度体验与思考,提升自我发展力和生命成长力。

语言是思维的外壳,口语表达实质上是人脑多种思维功能协调活动的过程。“听话”和“说话”是借助口头语言交流信息的过程,“听”是接收并理解语音信息的过程,是语言的积累与建构;“说”是思考、传递语音信息的过程,是语言的输出与运用。只有“听”,没有“说”,就无法完成信息的交流过程。口耳相辅相成,接收的信息多了,就会内化为自己的语言进行表达,也就是说,口语表达和交流是把内在语言化为有声语言的过程,是信息的外化过程,是口语表达能力训练和提升的过程。在这个过程中,因为要“说”,要“说”得准确,说得合理,说得精彩,那就必须不断去“学”,去“积累”,去“思考”,去“提炼”,借助“输出”去撬动“输入”,以“说”促“学”。着眼于学生需要的学习方式变革,自然会带来良好的学习效果。

在口语表达和交流中,学生需要分析材料、明确观点、构思层次、组织语言、选择语气、关注效果。因而学生在交谈时要学会察言观色,从而控制讲话的内容、重点、节奏、语速;发言过程中要专心致志,深入思考,提高说话效率,不能前言不搭后语,语无伦次;还可以在说话过程中借助联想和想象,提出新的想法,丰富讲话内容。这些活动与学生的语言素养、思维能力、心理素质密切相关。

口语表达和交流是个复杂的系统工程,进行科学有效的口语教学,让“输出”带动“输入”,不但可以促进学生口语表达能力的提升,也更容易构建深度学习场域,促进学生智力、情感和人格的全面发展。

总之,在全面推进素质教育的今天,促进学生语文能力全面发展的呼声日益高涨,语文能力全面发展不但要求学生具有较高的读写能力,还要求学生有较强的听说能力、协作能力、思辨能力等。可见,正确处理语文教学中听说读写的关系,着力培育学生核心素养已经成为社会和时代发展的必然,以口语教学为突破点的“有声语文”是大势所趋。

第三节　语文口语教学的研究现状

长期以来,相对于读写教学,口语教学一直被边缘化,我国语文学科中关于听说教学的理论研究和实践探索都不够深入。现行的语文教材中没有专门的口语教材,有关口语教学的内容也非常稀少。在教学实践中,由于难以从根本上摆脱功利化、片面性倾向,许多高中语文教师并不了解口语教学,有人甚至没有听过“语文口语教学”“语文口语课程”这样的说法。即使课堂上出现了或出现过带有口语教学性质及特点的举措,也大都属于不自觉行为,缘于机械模仿或因经验教训而形成的“条件反射”。教师缺乏有意识的口语教学行为,自然谈不上在教学实践中大胆尝试、有效实施、精准教学。

虽然语文口语教学在基础教育领域尚处于萌芽状态,甚至尚未起步,但学界对于语文口语教学的研究却早已有之。

一、语文口语教学研究现状

对于语文口语教学的发展历程,学者们有的从先秦时期写起,有的从 20 世纪写起,还有的专门对近二三十年的口语教学史进行梳理与分析。尽管学者们对我国口语教学历程的划分与研究角度有不同,但都强调了口语教学的重要性,并且一致认为 21 世纪是口语交际发展的新时期,在这一时期传统的听说教学将被超越、深化,口语交际教学将迎来发展的新局面。

学者们多从教学实践、理论联系实际、结合国内外的口语交际现状三个维度研究语文口语教学的现状。他们从教材、考试和教师三方面探析中学生口语交际能力低的原因,同时分析教学过程中存在的典型行为,确定普遍存在的问题,如学生情感缺失、害怕与人交谈、表达能力差等,并从听和说的原则、内容、训练方式、活动设计等方面提出了建议。还有的在国际背景下观照口语交际教学,与英国、美国、德国等国的教育模式进行对比,提出了“交际教学”的策略,视野较为开阔。

他们从不同的理论视角研究口语教学:有的借助了国外口语交际教学方案;有的借助心理学、建构主义、思维导图、传播学、语用学等理论来指导口语教学实践;有的根据《普通高中语文课程标准》阐释口语交际的新理念,积极探索培养学生口语交际能力的途径;有的通过反思实际教学问题而建构相关的口语教学新理念。研究内容也涉及了多个角度:有的概括了日常生活中的口语交际活动、组织中的口语交际活动、书面语的有声表达三方面内容,提出口语教学应有课程内容的建设意识,明确教和学的内容,选择话题时要考虑多方面的因素,进入课堂的口语交际要有典型性;有的强调口语交际的实用性,指出口语交际的教学内容首先是相关的知识和技能,主张口语交际教学的核心是元认知监控能力;有的提出口语课程应包括口语知识、口语知识的运用、学习者和口语文化四个部分;有的还涉及了口语交际教学的非语言手段的研究,包括体态语、副语言以及交际时的空间位置。

教学内容能否顺利实施、教学目标能否顺利达成,都与口语教学的实施策略相关。有的专家提出新课程背景下优化高中语文口语交际教学的有效策略:利用课前三分钟演讲进行语文口语交际能力的专项训练;合理开发并有效利用语文口语交际的教学资源,将语文口语交际训练渗透到常规阅读和写作教学中,积极开展课外口语交际的实践活动。有的指出要营造口语交际气氛,指导学生朗诵语文教材中的作品,开展情境化口语交际教学。有的专家提出口语教学需要多项策略协同发展,如培养兴趣策略、真实情境策略、示范反馈策略、授人以渔策略、实践训练策略、支架式教学策略、情境化教学策略、小组合作式教学策略等。有的专家指出要紧密联系生活,精心选择口语交际练习的话题;借助多媒体设备,精心创设口语交际练习的情境;遵循言语生成规律,精心设计口语交际练习模仿的典型案例；点面结合，精心利用一切教学机会加强口语交际训练。可见，在探寻灵活而多样的口语教学策略时，虽然大家各有见地，各有主张，但是，在对培养兴趣、创设情境、组织活动这三点上已经初步达成共识。

对口语教学的评价在很大程度上影响着一切教学活动的组织和开展。近年来，语文教学——尤其是高中语文教学中，一直存在“重读写、轻听说”的现象，这与我国没有具体统一的口语评价方式有关。目前，在语文口语教学的重要价值日益凸显的背景下，学者们也越来越意识到口语教学评价的重要性，开始阐述口语交际评价的内容、口语交际评价的原则、口语交际评价的方法，并指出要营造一个良好的氛围，结合高中语文口语交际教学的实际情况，充分利用相关的教学资源，采取多样的、灵活的口语交际评价形式和方法，不断提升高中语文口语交际评价的有效性。他们尝试提出关于中学语文听力评价的构想，以巴班斯基的教学过程最优化原理中的两个标准（效果质量标准和时间精力标准）和语言测试评估中的六个因素（可信性、结构效应、真实性、相互作用用性、后效作用和适用性）作为理论指导，指出我国语文教育改革过渡性的特点和评价设施条件的现实基础，分析把语文听力测试纳入中学语文考试的可行性，提出听话能力评价的原则——科学性、历史性、发展性和主体性，从听话能力的构成因素上确定了听力评价的五个标准——辨识力、注意力、记忆力、理解力和品评力，建议采用以学生和家长作为主体的诊断性评价、形成性评价和以教育行政部门为主体的终结性评价三者结合的评价方式。

可见，口语教学较之以往的确得到了重视，目前关于高中语文口语交际教学的研究涉及的角度比较全面，但内容谈不上丰富，关于口语交际的教学现状和教学策略的研究，在一定意义上缺少典型性。教学现状随着时间不断变化，需要把握最新的口语交际教学现状，才能找到具体的优化措施。将语用学、心理学的理论应用于口语交际教学实践，解决学习和生活中实际问题的系统性的研究成果仍不多见。语文口语教学始终处于“阅读教学”和“写作教学”的附庸地位，问题重重，困难重重，口语教学的改革仍然任重而道远。

二、高中语文口语教学现状

(一)高中语文课程标准对学生口语能力培养的相关要求

从某种程度上说,一次课程改革的突破,往往由颁布和实施新的课程标准开始。自20世纪50年代以来,我国高中语文课程标准与教学大纲已经发生了9次较大的改革,小范围上的改动更是不计其数。较早的有1956年颁布的《高级中学文学教学大纲》,最近的有2017年颁布2020年进行修订的《普通高中语文课程标准》。随着课标的不断改革,高中语文课程标准中关于语文口语教学的规定和要求更有前瞻性,体系编排上也更注重整体提高。

我国2004年版和2017年版的《普通高中语文课程标准》均把“重视指导学生在各种交际实践中提高口语交际能力”作为重要的教学目标和任务,并将其放到国家教育的层面上来。2017版课程标准明确指出,要培养学生“说话文明,仪态大方,善于倾听,敏捷应对”的能力,“能根据不同的交际场合和交际目的,恰当地进行表达。借助语调和语气、表情和手势,增强口语交际的效果”,“学会演讲”,“朗诵文学作品”,“在讨论或辩论中积极主动地发言”。

当下,我国正在实施的课程标准是中华人民共和国教育部制定的《普通高中语文课程标准(2017年版2020年修订)》。其中,对学生口语能力培养的相关要求如下:

1. 课程标准明确提出“普通高中的培养目标是进一步提升学生综合素质,着力发展核心素养,使学生具有理想信念和社会责任感,具有科学文化素养和终身学习能力,具有自主发展能力和沟通合作能力”。

2. 课程性质中规定了“语言文字的运用,包括生活、工作和学习中的听说读写活动以及文学活动,存在于人类社会的各个领域”。

3. 课程目标提到要让学生“积累较为丰富的语言材料和言语活动经验,形成良好的语感”,“能凭借语感和对语言运用规律的把握,根据具体的语言情境和不同的对象,运用口头和书面语言文明得体地进行表达和交流”。

4. 课程内容的学习任务群中,多数任务群都有对口语表达的要求。如当代文化参与任务群,要求“引导学生自主创建各类社团,开展各类语文学习活动,如读书交流、习作分享、辩论演说、诗歌朗诵、戏剧表演等”；语言积累、梳理与探究任务群，要求引导学生“通过在语境中解读词汇、理解语义的过程，树立语言和言语的相关性和差别性的观念”，“在运用口语和书面语表达的过程中，对比两种语体用词和造句的差别，体会口语和书面语的风格差异”；思辨性阅读与表达任务群，要求学生能“围绕感兴趣的话题开展讨论和辩论，能理性、有条理地表达自己的观点，平等商讨，有针对性、有风度、有礼貌地进行辩驳”；实用性阅读与交流任务群，指出“具体学习内容，可选择社会交往类的，如会谈、谈判、讨论及其纪要，活动策划书、计划、制度等常见文书，应聘面试的应对，面向大众的演讲、陈述和致辞；也可以选择新闻传媒类的，如新闻、通讯、调查、访谈、评述，主持、电视演讲与讨论”等，“教学以社会情境中的学生探究性学习活动为主，合理安排阅读、调查、讨论、写作、口语交际等活动”；在中国革命传统作品研习这个任务群中，明确指出“在提高思想水平的同时，提高学生口头交流、现场记录、文稿整理、理论论证的能力和水平”；在中国现当代作家作品研习这个任务群中，提出“要有一定的课时开展研讨活动，交流阅读和写作的体会与感悟”；在外国作家作品研习、科学与文化论著研习、中华传统文化专题研讨、跨文化专题研讨等任务群，也出现了“交流”“讨论”等字眼。

内容学习要求也明确提出，必修课程学习要使学生“增强人际交往能力，在口语交际中树立自信，尊重他人，文明得体，仪态大方，善于倾听，敏捷应对。注意口语的特点，能根据不同的交际场合和交际目的，恰当地进行表达。借助语调和语气、表情和手势，增强口语交际的效果。学会演讲，做到观点鲜明，材料充实、生动，有说服力和感染力，力求有个性和风度。在讨论或辩论中积极主动地发言，恰当地应对和辩驳。朗诵文学作品，能准确把握作品内容，传达作品的思想内涵和感情倾向，具有一定的感染力”。

5. 学业质量水平中也有对学生有效运用口头语言实现沟通交流的具体要求。

6. 实施建议也有要求。其中，教学建议提出“鼓励自主阅读、自由表达”“教师要注意引导学生在自主学习的基础上，学会倾听和分享、沟通和协作”；评价建议提出可采用“对话交流、小组分享”“体验性表演活动”等多种评价方式；在学业水平考试与高考命题建议中，指出“社会生活情境指向校内外具体的社会

生活，强调学生在具体生活场域中开展的语文实践活动，强调语言交际活动的对象、目的和表述方式等”，“‘表达与交流’侧重考查叙述表现、陈述阐释、解释分析、介绍说明、应对交流等内容”。

综上可知，《普通高中语文课程标准（2017 年版 2020 年修订）》中，在课程方案、课程性质、课程目标、课程内容（学习任务群、学习要求）、学业质量水平、实施建议等方面均有对学生语文口语表达能力的具体表述。我国课程标准在改革的过程中，越来越关注个人的发展，越来越着眼于全面提升学生的语文素养，体现语文学科的工具性，注重核心素养的培养。学生的语文素养不仅体现在考试成绩里，更体现在日常生活的言谈举止中。高中语文口语教学的重要性已经在课程标准中有所体现，但也要看到，有些表述是笼统、模糊的，尤其是口语教学的评价体系。现行教育体系下的考试中，中小学阶段几乎都没有把语文口语表达纳入考查范围，高考中少量涉及口语表达内容的考查也都是以书面的形式出现。

（二）高中语文教材如何体现新课标口语能力培养的要求

我国现行的高中语文教材大致有人教版和统编教材两种。2019 年 9 月，统编版已经率先在北京、天津、辽宁、上海、山东、海南 6 个省（市）的高中起始年级投入使用。截至 2020 年年底，普通高中三科统编教材已覆盖 20 个省（区、市），到 2025 年实现所有年级“全覆盖”。因此，我们以统编版教材的口语教学内容为主，分析教材对新课标口语能力培养要求的体现与落实。

1. 体现了新课标中“语言建构与运用”等核心素养的培养要求，设置了相应的口语训练任务。

目前实施的《普通高中语文课程标准（2017 年版 2020 年修订）》，以核心素养为本，推进语文课程深层次改革，重视培养学生的正确价值观、必备品格和关键能力。课标提出语文学科核心素养是学生在积极的语言实践活动中积累与建构起来，并在真实的语言运用情境中表现出来的语言能力及品质；是学生在语文学习中获得的语言知识和语言能力，思维方法与思维品质，情感、态度与价值观的综合体现。主要包括“语言建构与运用”“思维发展与提升”“审美鉴赏与创造”“文化传承与理解”四个方面。

统编版高中语文教材的口语交际部分在内容的选择和结构的设置上体现了新课程标准的要求。例如，在必修（上册）第一单元中，选择五首现代诗歌和两篇小说作为课文。毛泽东的《沁园春·长沙》抒发了昂扬向上的青春激情，表达了雄视天下的凌云壮志；郭沫若的《立在地球边上放号》赞美了摧毁旧世界、创造新生活的雄强之力，体现了五四运动所焕发的自由宏阔、雄奇奔放的气概；闻一多的《红烛》赞美了红烛以“烧蜡成灰”来点亮世界的奉献精神；昌耀的《峨日朵雪峰之侧》营造出凝重而又壮美的氛围，蕴含着谦卑而又强劲的生命力量；雪莱的《致云雀》抒发了对欢乐、光明、自由和理想的深情向往；茹志鹃的《百合花》描绘了战火中的青春美和人性美；铁凝的《哦，香雪》描绘了山里姑娘的淳朴、善良和美好心灵，表达了姑娘们对山外文明的向往和追求。这些优秀作品创作于不同的历史时期、不同的国度，但都是对青春的吟唱，或感时忧国、抒发情怀，或感悟人生、思考未来。新课标要求学生知人论世，了解特定时代的时代精神和社会风气，得到审美的熏陶与创造力的培养，感受其中浓郁的人文情怀，加深对文化传承的理解，增加自己的文化积淀，收获人生启迪和精神愉悦。

指向“语言建构与运用”的口语教学，其主要目的是使学生在实践中获得口语表达的知识与技能，并能在生活情境中恰当应用。统编版高中语文教材在各种口语交际活动的设置中，强调的是学生的参与，是习惯的养成。还是以必修（上册）第一单元为例，在单元学习任务中，与训练学生口语表达有关的有三项：一是“认真阅读、欣赏这些作品，从你最有感触的一点出发，与同学就‘青春的价值’这一话题展开讨论”；二是“还要注意感受词作的意境……选取自己印象最深的一点进行分析并与同学交流”；三是“任选一首诗，有感情地朗读，把你对诗作的理解通过朗读表达出来，同学之间相互点评”。这三项任务既能加深学生对作品的理解，又能起到训练口语表达的作用。

2. 口语训练任务具有较强的开放性、实践性、操作性，便于落实新课标中“语言建构与运用”等核心素养的培养要求。

口语教学的要义是使学生在具体的情境中，愿意开口，并通过口语实践提高口语表达能力和人际交往能力。基于这种理念，统编教材设计的口语训练任务具有较强的开放性、实践性和可操作性。

(1)口语训练任务具有开放性

美国哈佛大学教育研究院心理发展学家霍华德·加德纳于1983年提出的多元智能理论,启发我们要尽可能地创设适应学生优势智能结构发展的条件;建构主义也启示我们,知识的掌握是需要学生主动去建构的。开放性的口语训练可以充分照顾到每一位学生,调动其积极性,使其在实践中运用语言,形成技能。

统编教材的课程设计与内容编排本身就具有极强的开放性,由必修、选择性必修、选修三类课程构成。必修课程中编排了每名高中学生必须修习的口语教学内容,选择性必修课程是学生根据个人需求与升学考试要求选择修习,选修课程(尚未发行)则供学生自由选择学习,按课标要求来说,其中相应的口语教学内容也是为那些对口语练习有较大兴趣或者能力水平相对较高的学生准备的,学生可以根据自己的兴趣和能力来选择学习。

另外,灵活开放、多渠道、多样化的口语训练任务可以避免学习过程枯燥无味,充分调动处于青春期的高中生的学习积极性。统编教材中口语教学训练的内容不局限于课堂发言、讨论等常见方式,而是呈现出灵活开放、多姿多彩的样态。如新闻推荐会、班级朗诵会、读书经历分享、访谈、主题调查、讨论“台本”、排演课本剧、招聘启事、网络直播、话题讨论、专题讨论会、小组辩论赛……这些任务内容和训练形式灵活开放,有将学生生活与课程内容和时代需求结合在一起的活动,有充分体现课堂内容与课外活动紧密联系的训练体系,也有将个人与集体相结合的训练方式。学生可以在一定的情境中进行信息分享,可以在自主、合作、探究的学习方式中收获与成长,这些开放的活动给学生更多选择,使其更有言说欲望,更能充分调动其口语表达和交流的积极性与主动性。

(2)口语训练任务具有较强的实践性和可操作性

统编高中语文教材中相关的口语练习是易于操作的。单元学习任务中的口语训练任务虽然形式不同,但大都以朗诵、讨论、交流的方式进行,教师在进行课堂阅读教学时,只要稍微留心,对学生进行简单的指导就可以完成相应的口语训练,易于操作。例如在必修(上册)第一单元的学习任务中,在反复诵读本单元诗歌作品后,要求同学们任选一首诗,有感情地朗读,读出对诗作的理解。这是在引导学生进行阅读与鉴赏时必要的教学环节。很多时候,阅读教学与口语教学是有机结合在一起的,更便于操作。

在实践之后,还要涉及评价。如同学们朗诵结束后,要求同学之间互相点评,就可以发现朗读中普遍存在的问题以及解决方法。再如,要求学生集体讨论演出剧本,经过排演、正式演出后,有“评议总结”的环节,全班同学进行评议,还要请担任导演的同学谈自己的心得体会。自评、互评及老师点评操作起来都是相对容易的,而且对学生口语表达能力的提高有很大作用。

综上,可以看到,统编版高中语文教材中口语教学内容的编写具有开放性、实践性、操作性强等特点,有利于学生形成技能,全面提升素养,更好地发展自我,走向社会,走向未来。

3. 口语教学内容仍处于附庸地位。

旧版的高中语文教材在教学内容的编排上将口语教学置于附庸地位。它多与阅读和写作结合,或附在课后学习任务中,没有独立单元,没有独立章节,没有独立的自成体系的内容。当下,统编教材的一大特点是提高了口语教学的地位,以必修(上册)为例,八个常态教学单元后,有一个独立的版块——“古诗词诵读”,但从其内容编排上看,还是属于阅读教学,侧重对诗歌的理解,本质上并不属于口语教学的内容,因而,与阅读教学和写作教学相比,口语教学依然带有附庸性。

新课标强调“通过阅读与鉴赏、表达与交流、梳理与探究等语文实践”来学习语文。三种语文学习实践中,“表达与交流”是最能体现口语教学内容的,但从单元任务的设置来看,这个版块通常把口语教学和写作教学相结合,并且写作部分的比重显然高于口语部分。在实际的教学中,教师出于应试的考量更是会侧重阅读或写作。比如必修(下册)第 10 课《在 < 人民报 > 创刊纪念会上的演说》《在马克思墓前的讲话》群文后的学习提示中写道:“学习演讲词,要从演讲的目的、场合和对象等方面把握其针对性。还可以设想作者演讲时的现场氛围,揣摩演讲者的语气、语调,想象其表情和肢体语言,做简要批注,并尝试自己做一次演讲,学会在公共场合表达意见。”演讲,原本是属于口语教学的内容,但仔细分析文本,我们会发现其实编者强调的是演讲稿而非演讲,是将写作训练穿插在口语教学内容中。诸如此类的编排就很容易使口语教学成为阅读和写作教学的附属品。

总体来看,统编版高中语文教材中关于口语教学部分的编写,缺乏独立性,很难达到与阅读、写作并重的地位,并且多数内容与阅读理解或者写作相结合,很难满足对学生口语表达能力和人际交往能力培养的要求。

4. 内容编排上具有随意性、无序性特点,出现口语教学内容匮乏,指导性不足等问题。

(1)随意性、无序性

普通高中语文统编教材虽然设置了具体的口语教学训练任务(见附录2《统编版高中语文教材中有关口语训练任务项的梳理》),内容的编写上也有理论和实践两大部分,但是从目前已经出版发行的供高一、高二年级使用的必修(上、下册)和选择性必修(上、中、下册)来看,其口语教学内容并没有形成一个由简单到复杂、由易到难、循序渐进的螺旋式上升体系,口语训练任务的设置也没能构成一个达到完整能力目标的逐步提升体系。同时统编教材没有设置专门的口语学习课程,自然没有规定具体的课时要求,在学习内容上不会形成一套系统的口语表达知识网络。无论是内在逻辑联系,还是外在形式的关联,教材中“口语教学”的编写都没有构成一个完整的有机体系,而这些问题将直接导致师生在具体的口语教学活动中陷入无所凭借的茫然与困惑。

(2)口语教学内容匮乏,指导性不足

目前,统编教材已发行的五册课本中,涉及口语教学的训练形式灵活多样,也提供了一系列专题性、指导性知识,但有关“口语教学”的内容与指导严重匮乏。[见附录3《统编版高中语文教材“单元学习(研习)任务”汇编》]

必修(上册)第一单元安排了“学写诗歌”,第二单元安排了“写人要关注事例和细节”,第三单元安排了“学写文学短评”,第四单元安排了“调查的技术”和“访谈法”,第六单元安排了“议论要有针对性”,第七单元安排了“如何做到情景交融”;必修(下册)第一单元安排了“如何阐述自己的观点”,第三单元安排了“如何清晰地说明事理”,第五单元安排了“写演讲稿”,第六单元安排了“叙事要引人入胜”,第七单元安排了“学写综述”,第八单元安排了“如何论证”。我们发现,虽然必修(上册)第一单元和第三单元称得上典型的诗歌单元,学习提示也强调了“诵读”,但教材并没有涉及“如何进行诵读”的相关知识。必修上下两册课本最后都有“古诗词诵读”的专题拓展,但翻阅后,会发现每册四首诗歌后面的注解还是基于文本的内容解读和情感赏析,并没有诵读方法的提示和指导。尽管选择性必修(下册)第二单元涉及了“语言的锤炼”,但这里的“语言”是指高中阶段记叙文和议论文写作的语言,即书面语。只有必修(下册)第五单元涉及了口语教学的内容之一——演讲,但令人遗憾的是,仅仅简要介绍了撰写演讲稿的基本注意事项,并没有口语实践活动“演讲”的指导内容。

除此之外,现行教材还存在体态语教学内容缺失的问题。良好的口语表达和口语交际离不开恰当得体的体态语。体态语包括手势语、表情语、目光语等。体态语不仅能优化口语表达、口语交际的效果,还体现了一个人的修养和内涵。体态语理应成为口语教学的重要内容。

再者,在学习任务的编写中,只有活动的简单步骤要点,没有提出具体的做法、要求或者指导,也就是说只有规程设计,没有实施措施的具体描述。例如,选择性必修(上册)第四单元的学习活动中,有要求“以小组为单位开展班级辩论赛,在辩论中体会逻辑的力量”的任务,但是辩论的过程、方法等内容是缺失的,指导性不足。

可见,在统编版高中语文教材中,虽然口语教学的地位有所上升,但涉及具体内容时,仍存在知识匮乏、练习不足、指导不足的问题,也就更谈不上体现梯度、循序渐进的要求了。

(三)高中语文日常课堂教学案例及分析

在新课程标准中,高中语文口语教学的价值取向已回归到它的“本质”,即注重“口语表达”和“人际交往”。但在实际的语文课堂上却是另一番景象。通过观察和访谈,我们发现,高中阶段几乎没有专门的口语课堂教学,如果教师口语教学意识强一些,可能会多给学生一点开口的机会,意识薄弱的教师整节课可能都体现不出一点口语教学的蛛丝马迹。

目前,在高中语文日常课堂教学中,最能体现“口语教学”特点的课堂是什么样的呢?我们以“语言表达得体”这个专题内容为例,进行观察分析。

《语言表达得体》教学设计

<table>
<tr><td colspan="3">考点分析与要求</td></tr>
<tr><td colspan="3">语言得体，是中华民族重要的文明礼仪传统，也是中学生应具备的重要的语言修养，是高考考查的重点之一。本考点的考查，能反映出学生在面对真实的语言情境时，建构和运用语言的关键能力和必备品格，包括思维的灵活性、全面性，审美的品味和对文化的传承与理解。</td></tr>
<tr><td colspan="3">学情分析</td></tr>
<tr><td colspan="3">高三学生已经具备了一定的语言建构与运用能力，但由于传统文化知识积累不足、社会阅历不足，对于语言运用的“得体”理解不够到位，运用不够自如。</td></tr>
<tr><td colspan="3">教学目标</td></tr>
<tr><td colspan="3">1. 了解语言表达的出题特点；
2. 明确语言得体的考查要素；
3. 学会在表述中得体地运用语言。</td></tr>
<tr><td colspan="3">教学过程</td></tr>
<tr><td>教学环节及内容</td><td>教师活动</td><td>学生活动</td></tr>
<tr><td>一、故事导入（3 分钟）
有个人请客，看着约定的时间已经过了，还有一大半的客人没来，主人心里很焦急，便说：“怎么搞的，该来的客人还不来？”一些敏感的客人听到了，心想：“该来的没来，那我们是不该来的了。”于是悄悄地走了。主人一看又走掉好几位客人，越发着急了，便说：“怎么这些不该走的客人，反倒走了呢？”剩下的客人一听，又想：“走了的是不该走的，那我们这些没走的倒是该走的了！”于是都走了。最后只剩下一个跟主人亲近的朋友，看到这种尴尬的场面，就劝他说：“你说话前应该先考虑一下，否则说错了，就不容易收回来了。”主人大叫冤枉，急忙解释说：“我并不是叫他们走哇！”朋友</td><td>演示文稿显示文字，讲故事</td><td>听故事</td></tr>
</table>

（续表）

教学环节及内容	教师活动	学生活动
听了大为恼火："不是叫他们走，那就是叫我走了？"说完，头也不回地离开了。 你从这个故事中得到哪些启示？	提出问题	思考并回答问题
二、考点解读并明确教学目标（2 分钟） （详见演示文稿）	讲授	听讲
三、真题再现，深入感知（10 分钟） 1.（2018·全国Ⅱ）下面是某报社一则启事初稿的片段，其中有五处词语使用不当，请找出并进行修改。要求修改后语意准确，语体风格一致。（5 分） 如果您是重大事件的参加者，事故现场的目击者，业界内幕的打探者，社会热点的关爱者……请与我报《社会深度》栏目联系。本栏目长期公开征询有价值的新闻线索，等着您的支持。 答：________________________________。 【答案】（示例）①"参加者"改为"亲历者"或"参与者"；②"打探者"改为"知情者"；③"关爱者"改为"关注者"；④"征询"改为"征集"；⑤"等着"改为"期待"或"等待"。 2.（2017·全国Ⅰ）下列各句中，表达得体的一句是（　　）。（3 分） A. 真是事出意外！舍弟太过顽皮，碰碎了您家这么贵重的花瓶，敬请原谅，我们一定照价赔偿。	演示文稿显示文字，点拨学生思考	思考并作答

（续表）

教学环节及内容	教师活动	学生活动
B. 他的书法龙飞凤舞，引来一片赞叹，但落款却出了差错，一时又无法弥补，只好连声道歉：“献丑，献丑！” C. 他是我最信任的朋友，头脑灵活，处事周到，每次我遇到难题写信垂询，都能得到很有启发的回复。 D. 我妻子和郭教授的内人是多年的闺蜜，她俩经常一起逛街、一起旅游，话多得似乎永远都说不完。 【答案】A。B 项“献丑”，谦辞，用于表演技能或写作的时候，表示自己的能力很差。句中已经“出了差错”，不是谦虚，此处应该用“抱歉”。C 项“垂询”，敬辞，称别人（多指长辈或上级）对自己询问。句中说“我”垂询朋友，谦敬不分。D 项“内人”，对人称自己的妻子。句中说“郭教授的内人”，谦敬不分。		
【总结】何谓得体？能够根据交际的语境选用恰当的语言来表情达意，符合语境和语体的要求。 （1）体现外部语境（各种情境条件）要求，就是说话用语要掌握谦敬，分清对象，注意场合，明确目的。 （2）体现内部语境（上下文）要求，就是要分清语体，做到语体（口语、书面语）色彩和文体（文艺语体、科学语体、政论语体、公文语体等）色彩得当。	引导学生总结	思考 记录
四、具体讲解，理性分析（20 分钟） （一）根据题目深化理解（题目见演示文稿） 语言表达得体要考虑（对象）；	演示文稿显示题目	思考

（续表）

教学环节及内容	教师活动	学生活动
语言表达得体要讲(礼貌)，会用(谦敬词)； 语言表达得体要考虑(场合)； 语言表达得体要考虑(语体)； 语言表达得体要注意(交际目的)。	指导学生逐一突破题目，归纳注意事项。	听讲
(二)归纳总结 语言运用得当要注意五点： 1. 看清对象，掌握分寸(见什么人说什么话)； 2. 分清场合，巧妙运用(到什么山唱什么歌)； 3. 明确目的，有的放矢(有什么事说什么话)； 4. 注重语体，符合要求(写什么文用什么体)； 5. 注意用词，谦敬得当(处什么位说什么话)。		记诵
五、当堂训练，巩固所学（详见《导学案》）(10 分钟) 1. 下面是我校化学兴趣小组学生负责人王哲给 2019 年诺贝尔化学奖得主约翰・B・古迪纳夫写的一封短信，其中有五处用语不得体，请指出并修改。 尊敬的约翰爷爷： 您好！作为当今国际化学界霸主，您能够应允忝列我校化学兴趣小组顾问，百忙之中挤出时间为本小组的发展提供绵薄之力，我们十分感激，本小组广大化学佼佼者恳请您不吝赐教。 敬祝编安。 ××学校化学兴趣小组王哲 2019 年 10 月 23 日	巡视指导	做学案
答：____________________。	演示文稿 展示答案	

（续表）

教学环节及内容	教师活动	学生活动
2. 根据下面提供的情境，写出符合题目要求的话。 时间已是晚上十点钟了，可父亲的几位好朋友仍在你家聊天，屋内烟雾缭绕，你父亲又身体不适，你还要复习功课，没有闲暇应酬。为此，你想劝告他们早些回家休息，这时，你该怎样对他们说？ 答：______________________。 3. 光明村将举办中秋晚会，村民们自编了一些舞蹈、小品等节目，定于 9 月 25 日晚 6 点在村礼堂彩排，村委会拟邀区文化馆专家前来指导。请你以村委会的名义写一份请柬。 六、布置作业：完成课后练习		订正答案

《语言表达得体》这个教学案例是一节典型的高三专题复习的公开课。它客观真实、不失直观地反映出我国高中，尤其是高三语文课堂教学的普遍问题，更暴露了高中语文口语教学的边缘地位。

就课堂教学而言，目前，“语言表达与运用”这个专题，称得上是高中语文课堂教学中最能体现“口语课内容”的模块。其中的“语言表达得体”这项教学内容的特定性，决定了这个案例具有更侧重口语教学的情境性、互动性等特点；又因为是“公开课”，其形式和性质上的特定性要求其必须具有一定的观摩和展示价值，案例中“以学生为本”“自主、合作、探究”等教学理念的渗透也超过了其他日常教学。

然而，遗憾的是，即使在这样的课堂中，学生“口语”能力的训练，依然被漠视，被淡化。整节课中，虽然也有交流互动，但无论数量还是参与的广度及深度，都远远达不到口语训练的要求和目标，充斥课堂的是对“语言得体”的知识传授与题目讲解，师生间有意识的口语表达训练几乎没有。教学过程第五个环节“当堂训练，巩固所学”中第 2 小题的设置，仿佛让我们见到了口语训练的影子，但是，尽管试题中具备了情境性话题，然而纸笔测验的方式又远离了原生态的口语交际情境，言语的“得体性”很难判断。究其本质，这个题目还是在训练学生的书面表达能力，对其口语交际能力的真正提高帮助不大。

窥一斑而知全豹，虽然新课程标准中有口语教学的相关要求，口语的交际价值取向已经逐步明晰，但在语文课堂教学中，口语教学依然不被重视，高中语文口语教学问题颇多。由于长期以来深受高考评价方式的影响，我国语文教学还是以总结性评价和纸笔测验为主。测试安排、试卷设计都以简单、便捷、易操作为原则，即使涉及听说能力的测试，也是采用笔答方式进行，导致学生口语能力得不到真实评价，学生口语能力的培养得不到应有重视。另外，我们甚至很难在《普通高中语文课程标准(2017 年版 2020 年修订)》中找到具体依据，用以指导或评价这堂课口语教学目标的达成度。高中语文口语教学目标界定不清，也是口语教学得不到应有重视的原因之一。

我们将美、德、英、日等国的母语课程标准以及我国《义务教育语文课程标准(2022 年版)》分别与《普通高中语文课程标准(2017 年版 2020 年修订)》进行比较，会发现我国高中阶段的语文口语教学目标相对模糊，没有清晰系统的界定，对教师教学的指导性不强、规定性不足；从义务教育阶段到高中教育阶段，语文口语教学没有形成科学体系，学段越高对口语教学的重视程度越低，对口语教学目标的表述也越简而化之。

具体来说，在美、德、英、日等国的课程标准中，母语口语交际教学部分在各年级要达到什么目标规定得十分清楚，对各年级要达到的具体目标及口语交际教学的范畴、使用的技巧都有具体、详尽的规定，条理清楚，要求具体。如美国七年级口语交际教学目标要求学生在不同情境下采用不同形式交流，能“根据不同的目的和听众变化说话风格”“识别并比较各种有效的说话技巧范例”等。这样，每位教师在进行母语口语交际教学时都有具体的操作标准和依据。

在我国《义务教育语文课程标准(2022 年版)》中，基础型学习任务群、发展型学习任务群、拓展型学习任务群三个类别中下设的每个学习任务群都根据不

同学段(年级)设计了相应的“学习内容”和“教学提示”。其中,对口语表达的规定多体现在低龄学段,能呈现一定的阶梯性,但到了高学段就有“无暇顾及”之嫌了。以发展型学习任务群中的“实用性阅读与交流”任务群为例,第一学段(1—2 年级)要求“学习有关中华由于由于传统文化的短文,将读到、听到、看到的故事讲给他人听”;第二学段(3—4 年级)是“学习具体、清楚、生动地讲述有关老一辈无产阶级革命家和革命英雄、劳动模范、科学家的事迹,以及反映中华传统美德的故事”;第三学段(5—6 年级)要求“学习革命英雄和劳动模范的事迹,尝试用多种媒介方式记录、展示、讲述他们的故事,表达自己的憧憬之情”;第四学段(7—9 年级)则是“学习跨媒介阅读与交流。通过多种媒介关注国内外政治、经济、社会、科技、文化等方面的新鲜事,比较不同媒介的表达效果,尝试探究不同媒介的表达特点;阅读新闻报道、时事评论等作品,关注社会主义建设新成果,就感兴趣的话题与同学进行线上线下讨论,根据目的与对象选择合适的媒介进行交流沟通”。可见,第二学段对口语表达的目标要求比第一学段更高、更具体、更清晰,但第三学段、第四学段反而笼统模糊起来,口语表达能力的培养已经开始逐渐弱化,学生口语表达水平似乎已经不是教学的关注重点了。

仍以“实用性阅读与交流”学习任务群为例,《普通高中语文课程标准(2017 年版 2020 年修订)》在“学习目标与内容”中指出“学习运用简明生动的语言,介绍比较复杂的事物,说明比较复杂的事理”,“具体学习内容,可选择社会交往类的,如会谈、谈判、讨论及其纪要,活动策划书、计划、制度等常见文书,应聘面试的应对,面向大众的演讲、陈述和致辞;也可选择新闻传媒类的,如新闻、通讯、调查、访谈、述评,主持、电视演讲与讨论,网络新文体(包括比较复杂的非连续性文本);还可选择知识性读物类的,如复杂的说明文、科普读物、社会科学类通俗读物等”。在“教学提示”中指出“教学以社会情境中的学生探究性学习活动为主,合理安排阅读、调查、讨论、写作、口语交际等活动”。可见,“口语教学”仅是堪堪被提及而已,要求及内容都具有极大的模糊性。

值得注意的是,《普通高中语文课程标准(2017 年版 2020 年修订)》将学生的学习结果划分为五个级别的水平。其中,水平一和水平二是高一年级必修课程的学习要求;水平三和水平四是高二年级选择性必修课程学习的要求;水平五是高三年级选修课程(尚未出版)学习的要求。在水平一中提及“能运用口头语言和书面语言传达自己对作品的感受和理解”,水平三提到“运用口头和书面语言,文从字顺、清晰明了地表达自己的真情实感”,水平四要求“运用口头和书面语言,文从字顺、准确生动地表达自己的真情实感”,水平五要求“有效地运用口头和书面语言实现沟通交流”。可见,在新课程标准“学业质量水平”的阐述中,学生口语表达能力呈现了“层级化”特点,但没有专门、细致的说明与规定,全都附着于“书面表达”被提及。而且,相较于义务教育第二学段(3—4 年级)“具体、清楚、生动地讲述”这一目标和要求,能力层次的“梯度”不明显。另外,在实际的教学实践中,课标中笼统的表述并不利于教师的“实际操作”,教学指导性不强,这极易导致课堂口语教学中目标的丢失,难以产生良好的教学效果。毕竟,清晰的教学目标才会科学有效地引导教学实践。

对中学生口语交际能力的训练目标,应根据各年龄段学生的思维水平、语文水平和心理特征来确定,应由易到难、循序渐进、逐步加深、持之以恒地进行训练,使他们的口语交际能力得到稳步提高。北京师范大学张鸿苓教授依据社会需要和学生的心理特点,参考有关省市训练要求,在《关于语文教学体系的科学化问题》一文中,提出了分级训练目标的相关阐述,以下内容可做参考。

年级	口语训练目标
高一年级	1. 继续提高有表情朗读的能力。
	2. 能够按照自拟提纲,用普通话有条理地叙述事件,说明事物,阐述观点,语调自然,仪态大方。
	3. 与人交谈时能注意到对方的心绪,提高说话的效果。
	4. 在讨论过程中能形成个人的见解,并能当众进行有条理的讲述。
高二年级	1. 具有对特定问题较系统地发表个人见解的能力,初步掌握演讲的要领。
	2. 会话时能较好地展开话题,懂得一些谈话的技巧,提高说服力、感染力。
	3. 能清晰地口头说明一些科学现象与社会现象。能当众报告自己调查、实验的内容。

（续表）

年级	口语训练目标
高三年级	1. 能根据答辩提纲进行说理、辨析。能运用立论与驳论的技巧，以及设问、反问等语言技巧，加强论辩力量。
	2. 能即兴作一般的口头评论（简单的文艺评论、思想评论和科学评论）。
	3. 根据特定的需要，做演讲和宣传，能掌握一定的演讲技巧，提高说服力和感染力。
	4. 在访问、调查过程中，能较熟练地运用会话的技巧，以达到预期的目的。

（四）高中语文口语教学情况问卷调查及分析

为了更精准地掌握当下高中语文口语教学的情况，我们专门进行了“关于高中语文口语教学情况”的问卷调查（见附录 1）。济南市历城第二中学、山东省实验中学、济南外国语学校、济南市历城第一中学、济南市长清区第一中学、济南市长清中学、济宁市育才中学、济宁市嘉祥县第一中学、潍坊市诸城繁华中学、山东省滕州第一中学、枣庄市第八中学、滨州市第一中学、聊城市莘县实验高中、菏泽市曹县一中、泰安市宁阳第四中学、淄博市实验高中、淄博市第一中学共计 17 所学校的 269 名语文教师参与了问卷调查。调查结果及分析如下：

1. 高中语文口语教学情况问卷调查结果

调查结果显示，参与调查的教师男女比例在 3∶7 左右，其中有 75.46 %的教师教龄在 10 年以上，有 76.21 %的教师正在使用统编版高中语文教材，23.79 %的教师尚未接触统编版新教材。

从调查的具体内容看，96.66 %的教师认同语文口语教学对高中生来说是很有必要的，其中完全同意的占 69.89 %；56.51 %的教师熟悉高中语文课程标准中对学生口语表达能力的相关要求，其中，十分熟悉的占 12.64 %；63.2 %的教师认同现行教材为培养学生口语表达能力提供了充足的教学资源，其中，完全同意的占 20.45 %；61.66 %的教师认同现行高中语文教材提供的口语教学资源适合学生，方便教学，其中，完全同意的占 18.96 %；85.5 %的教师在课堂上注重对话教学，其中，能够总是有意识地创造条件让学生多开口讲话的占 32.34 %；学生发言时，教师比较关注的三项是逻辑性、准确度、流利度；82.77 %的教师在学生发言有欠缺时，重视提醒、纠错或鼓励再次尝试，其中，总是这样做的占 26.77 %。语文教学中，教师认为提高学生口语能力的途径按照重要程度由高到低依次为有感情地朗读课文、演讲、课堂发言、辩论、模拟情境交际；教师能有效指导学生进行的言语实践活动依次为有感情朗读、课堂发言、演讲、辩论、模拟情境交际；73.98 %的教师认同学生的口语能力与学期初相比有明显进步，其中，完全同意的占 19.33 %。

高中语文口语教学情况问卷调查结果如下图所示：

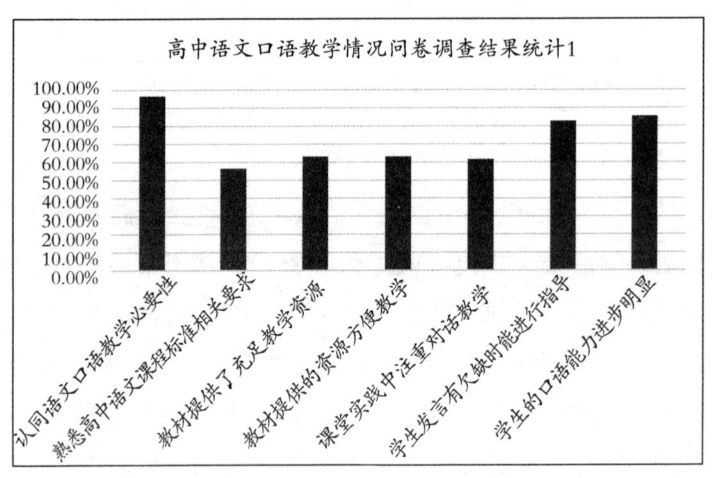

图 1－6：高中语文口语教学情况问卷调查结果统计 1

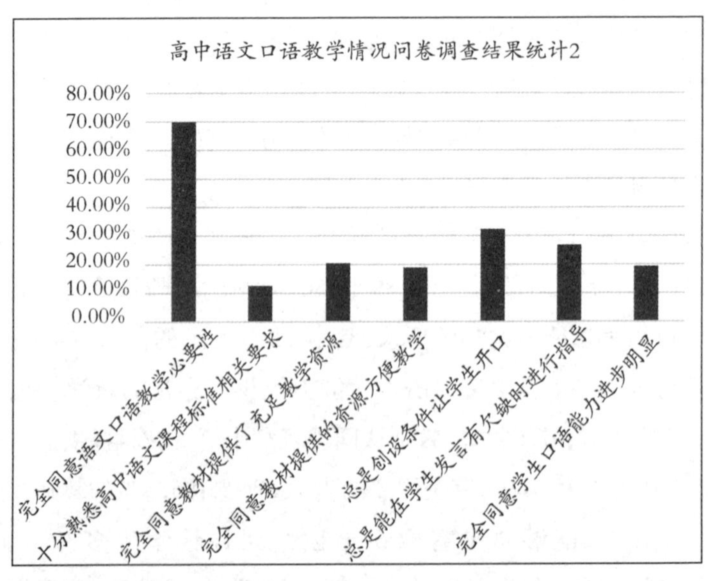

图 1－7：高中语文口语教学情况问卷调查结果统计 2

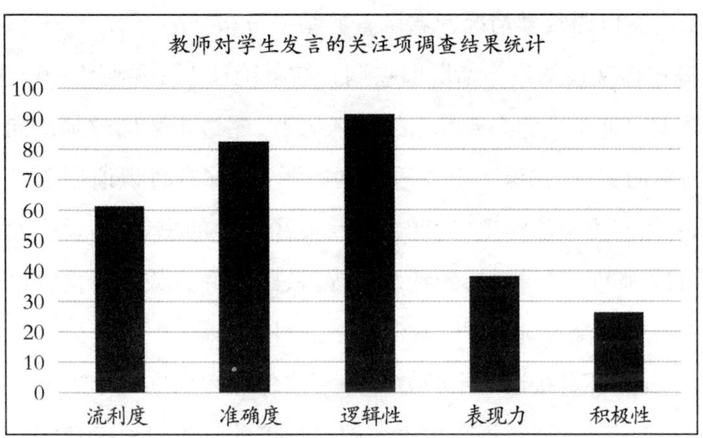

图 1－8：教师对学生发言的关注项调查结果统计

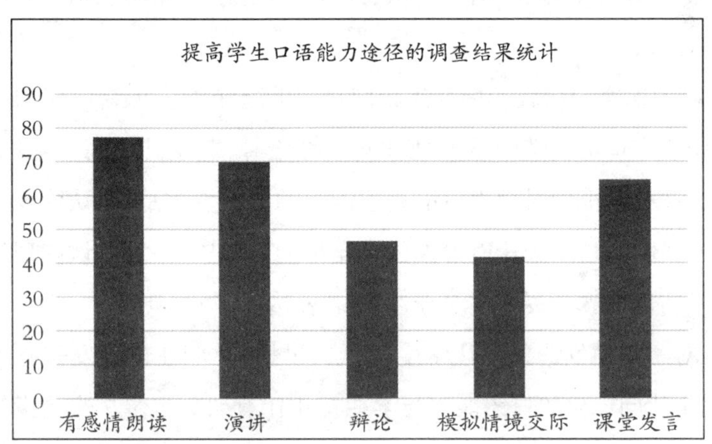

图 1－9：提高学生口语能力的途径的调查结果统计

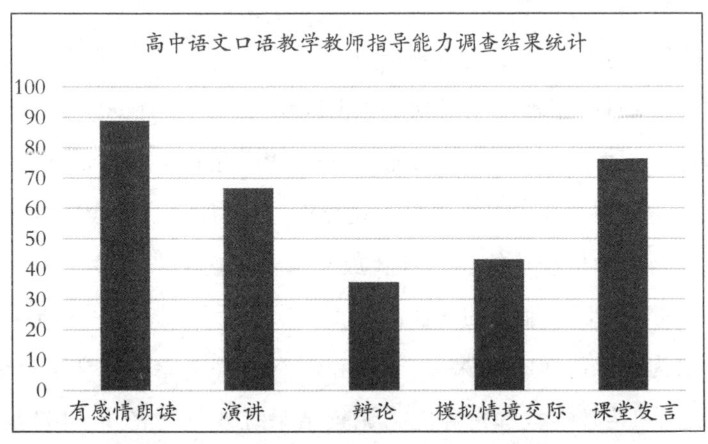

图 1－10：高中语文口语教学教师指导能力调查结果统计

2. 高中语文口语教学情况问卷调查的结果分析

(1)“高中语文口语教学情况问卷调查结果统计1”(见图1－6)显示,高中语文口语教学的重要性和必要性已经深入人心,超过半数的教师认同教材有关口语教学内容的编排,在课堂上注重对话教学,能够有意识地创造条件让学生多开口讲话,他们更关注学生发言的质量,关注学生的思考,当学生发言有欠缺时,大多数的教师能进行指导,做到及时提醒、纠错并且鼓励再次尝试。这体现了我国高中语文教育对口语教学日渐重视的可喜变化。

但尽管如此,还有接近一半的教师并不清楚课程标准对学生口语表达能力的相关要求,也不甚认同现行高中语文教材为培养学生口语表达能力所提供教学资源的数量、质量和编排的科学性、实用性。可见,高中阶段语文口语教学现状依然不容乐观。

(2)“高中语文口语教学情况问卷调查结果统计2”(见图1－7)显示,除完全认同高中语文口语教学的重要性和必要性之外,其余几项高位指标:十分熟悉高中语文课程标准中对学生口语表达能力的相关要求;完全认同现行高中语文教材为培养学生口语表达能力提供了充足的教学资源;完全认同现行高中语文教材提供的口语教学资源适合学生口语表达水平、方便教学;非常注重对话教学,总是有意识地创造条件让学生多开口讲话,总能在学生发言有欠缺时进行指导,完全认同学生的口语能力与学期初相比有明显进步。这些指标几乎都低于30％。可见,教师们对当下口语教学情况的深度认同不足,教学中存在的问题依然严重。

(3)“教师对学生发言的关注项调查结果统计”(见图1－8)显示,学生发言时,教师更关注的是“逻辑性”,其次是“准确度”,这两项在90％左右。也就是说,教师普遍重视学生表达的内容,而“表达内容”相较于表达形式、表达状态、表达效果、表达内驱力等更关乎思维。这显然没有将“语言的建构与运用”放在首要位置,没有将学生表达的“口语性”放在重要位置。

(4)“提高学生口语能力的途径的调查结果统计”(见图1－9)显示,语文教学中,教师认为有感情地朗读课文、演讲和课堂发言更能提高学生口语表达能力;“高中语文口语教学教师指导能力调查结果统计”(见图1－10)也显示,教师认为自己能有效指导学生进行这三项言语实践活动。可见,辩论、模拟情境

交际等有着较强互动式特点的口语实践活动在教师认知中认同度不高，尚未引起足够重视，教师对其进行有效指导的能力也明显不足。

根据以上调查结果及数据分析，我们发现目前高中口语教学中主要存在教师、教材两方面的问题。对于高中语文教师而言，亟待解决的不是对口语教学的重视问题，而是其口语教学能力的提升问题。教师普遍忽视互动式口语训练，尚不能科学认识高中语文口语教学的内容和价值取向，不清楚口语教学不但包括“独白式表达”，也包括“互动式交际”，没有意识到既要培养学生的“口语表达”能力，又要培养学生的“人际交往”能力。不少教师缺乏基本的学习，对《普通高中语文课程标准(2017 年版 2020 年修订)》的具体要求不熟悉，对高中统编教材的特点及使用不了解，不重视“单元学习(研习)任务”中的相关口语活动。教师尚不能科学有效地组织并指导学生进行各种口语实践活动。对于高中语文课程而言，为了更好地提高学生口语能力，统编版高中语文教材应本着“支撑教学、服务教学、方便教学”的原则，进一步丰富有关口语教学的资源，并科学优化编排设置。

第二章

“有声语文”教学主张的研究与思考

第一节 “有声语文”课堂教学实践模式

高中阶段，学生知识积累不断增加，理解能力飞速提升，性格塑造也逐渐成形，语文教师应格外关注学生诗性体验与智性思维的培养，让其在深度感悟和思考中，提升语文素养、心灵素养，为拥有幸福而有意义的人生赋能。

然而，当下高中语文教学依然存在注重纸笔测试，轻视“听”“说”练习的功利化倾向，常常忽视学生独特的言语感知、生命体验，轻视学生的深入思考与独立判断，漠视学生生命的完整性发展。由于长期缺少朗读与交流，缺乏深度体验和思考，不少学生存在学科素养发展不足，自我发展力和生命成长力不足等问题。尤其在当今人工智能高度发达的背景下，手机、平板电脑等电子产品俨然成为日常生活不可或缺的一部分，“低头族”越来越多，“失语”现象日益严重，“表情包”刷屏现象屡见不鲜。学生们在日常讲话时有的言之无物、不知所云；有的磕磕巴巴、思维混乱；有的不分场合、不看对象，缺乏自信，不敢表达。

作为高中语文教师，我们可以为学生提供哪些帮助？语文课堂可以有哪些改变？我认为，可以尝试进行走向深度学习的“有声语文”课堂教学实践。

一、“有声语文”教学主张

走向深度学习的“有声语文”教学主张，以生命教育全程育人为追求，以口语教学为突破点，以诗性体验与智性思维为核心理念，将“有声音”“有生气”“有生命”三者融通贯穿，滋养生命发展。它强调在多边互动中，以“有声输出”激发、促进深入体验和深度思考，从而让学习真实发生，让生命真正成长。

其中，“有声音”强调语文课要有读书声和交流声，引导学生有表达、有倾听、有回应。高中生相较于小学生和初中生，阅历更丰富，心理也更复杂。他们有的孤傲，不屑主动开口讲话；有的敏感，不愿分享个人观点；有的羞怯，不敢当众表露内心；有的基础薄弱，不知如何有效发言……“有声音”就是针对这一现状从教学策略维度提出的目标与要求。

“有生气”重视创设有生机活力的融洽氛围，构建有效学习场域。诚然，高效课堂未必都是有声音的，但沉闷的课堂却往往低效甚至无效。“有生气”是从教学生态维度提出的目标与要求。在“有声语文”的场域中，师生状态是积极的、活跃的、专注的；课堂氛围是融洽的、和谐的、蓬勃的。

“有生命”则强调挖掘课程的生命元素，强化生命意识，构建生命意义，提升生命价值。虽然优质语文课各有各的精彩，但无一例外均应流淌着浓郁的生命气息。“有生命”是从教学价值维度提出的目标与要求，它关注学生生命的完整性发展。

在“有声语文”的视域里，“有声音”“有生气”“有生命”三者相辅相成，融通贯穿。“有声音”是“有生气”“有生命”的基础，学生敢说、想说、能说，课堂才能“有生气”，才可能“有生命”。“有生气”是“有声音”的保障和“有生命”的条件，因为在积极、民主、和谐、融洽的氛围中，学生更有安全感，更有表达欲，课堂更容易“有声音”；在倡导对话、鼓励质疑、重视体验的教学生态中，也更容易挖掘文本和师生身上的生命元素，实现学生能力的提升、思维的发展，构建生命意义。而“有生命”则是“有声音”和“有生气”的动力源泉与价值旨归。三者融通贯穿，助力深度学习，滋养生命发展。

二、“有声语文”的课堂教学模式

要实践“有声语文”教学主张，仅依靠传统的语文课，有捉襟见肘的窘迫，又有隔靴搔痒的遗憾。为此，我们提倡实施“有声语文”的“两课六形”教学模式。

“两课六形”包括“强化口语综合课”和“口语表达专题课”两种语文课型，“沉浸式朗读”“自由式发言”“开放式演讲”“随机式辩论”“理解式对话”“体验式表演”六种活动形态。

（一）两种语文课型

强化口语综合课，是当下规范语文课的升级形态，不仅重视自主思考，更重视言语探讨和思想交流。它倡导学生朗读、发言和对话，放大了学习的“输出”功能，并借助“有声输出”（朗读课文、同伴交流、观点辩论等）带动“无声输入”（自主思考、倾听理解、融合批判、开放视野、荡涤心灵等），使学生在深度感悟和思考中，实现诗性体验的深化与智性思维的再生长，促进其全面发展。

口语表达专题课，是强化口语综合课的有益辅助和必要补充。众所周知，

口语能力的提升是个复杂的系统工程。从能开口到会表达再到懂交流,从会倾听到能回应再到可内化,涉及方方面面,绝非一日之功。而常规语文课具有一定的固定模式,涉及口语表达的知识与技巧难以加入,因而,开设口语表达专题课就变得非常重要。在口语表达专题课上,教师可以引导学生逐一掌握朗读技巧,可以详细指导演讲要点,亦可具体讲解辩论常识,还可模拟交际情境的实践运用。

强化口语综合课与口语表达专题课相辅相成,共同作用。学生在专题课上学到的方法、技能在综合课上得以运用和发展,在综合课上获得的成就感又极大提升了对专题课的热情与兴趣。久而久之,学生的口语表达能力持续提升,学科素养不断提高,自主思考越来越深入,同伴对话越来越高效,对生命的感受与思考也随之深入,生命质量得以提升。

(二)六种活动形态

沉浸式朗读、自由式发言、开放式演讲、随机式辩论、理解式对话、体验式表演是“有声语文”的六种教学活动形态,是促使学生走向深度学习的重要策略和具体方法。

1. 沉浸式朗读

沉浸式朗读,强调出声诵读、悟情入境、达情传神,体现了“有声语文”中“诗性体验”的特点,既是实现语文课堂“有声音”的基本方法,又是“有生气”“有生命”的具体表现。

在沉浸式朗读中,教师应指导学生“浸心”“察人”,用心用情将冰冷的文字“声音化”“图片化”,这样,学生更容易浑然忘我、身心安适。做到这点,无论是“文字还原图景”,还是“文字创生情境”,都是水到渠成之事;无论理解内容,还是体味情感,都有事半功倍之效。可见,引导学生悟情入境,进行沉浸式朗读,他们的理解与感受会深刻得多,产生的情感共鸣会强烈得多,生命得到的滋养自然也丰富得多。

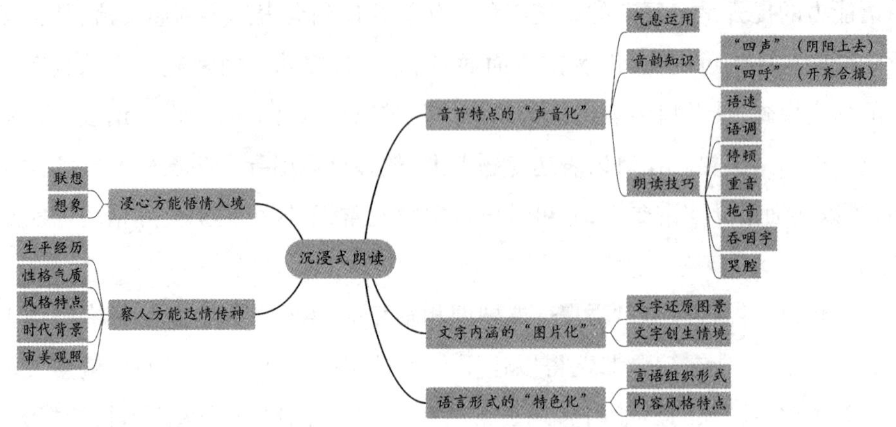

图 2-1:“沉浸式朗读”框架图

2. 自由式发言

自由式发言,强调课堂学习的专注度及参与度,要求调动学生的积极性、主动性,使其学会自主思考和交流分享。这是语文课堂“有生气”的关键,也是“有声音”“有生命”的体现。

《学记》认为:“道而弗牵则和,强而弗抑则易,开而弗达则思,和易以思,可谓善喻矣。”倡导自由式发言,有助于激发兴趣、提升思维、锻炼表达、活跃气氛,更容易实现由“灌注式”课堂向“启发式”课堂的转变,促使学生由被动接受者变为主动参与者。倡导自由式发言,会促使学生专注于教师的每一次提问和讲解,促使教师珍视同学们的每一次发言和回应。无论是质疑还是答疑,均有助于集中精力、主动思考、大胆发言,提高学生的学习效率。

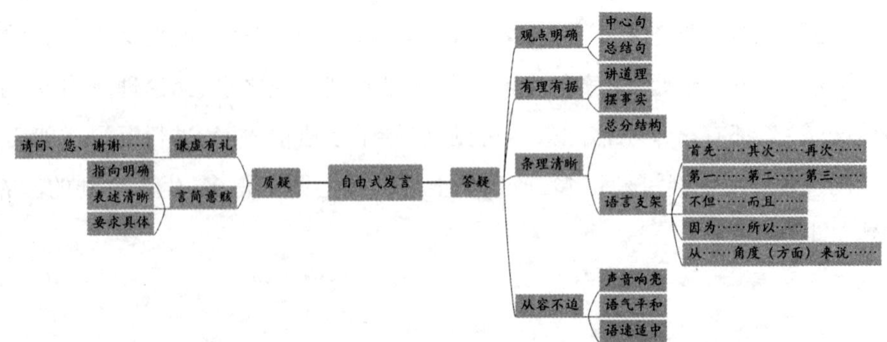

图 2-2:“自由式发言”框架图

3. 开放式演讲

开放式演讲,是基于多种素养的综合性语文实践活动,强调学习过程中“输入”“输出”的有机融合、有效转换,是“有声语文”的重要活动形态之一。

演讲者要具备听众意识,还要有一定的演讲技巧,能够兼顾演讲的思想性、对象性、逻辑性和鼓动性,才能准确生动地表达观点,让听众产生共鸣,进而得到认同。借助开放式演讲,更容易打通课堂内外的壁垒,鼓励学生广泛阅读,积极思考。不但关注知识、关注自我,还关注生活、关注社会,在参与当代文化生活的过程中,在不断思考与形成认识的过程中,增强文化自信、提升关键能力,实现个人成长和人格发育。

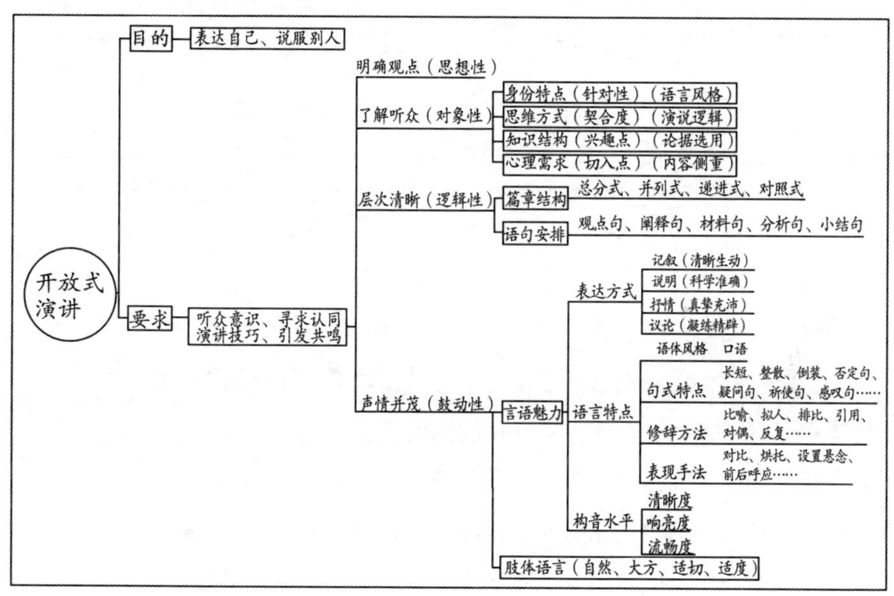

图 2-3:“开放式演讲”框架图

4. 随机式辩论

随机式辩论,是语言的艺术,更是思想的碰撞、智慧的交锋,是“有声语文”体现“智性思维”特点的重要活动形态,是“有声音”“有生气”“有生命”的具体实现方式之一。

随机式辩论以随堂辩论和正式比赛为主要形式,立足语文课堂,开放辩论环境,综合文本、生活与学生兴趣等多种因素确定辩题或争论点。强化口语综合课上,一旦产生争论点,师生、生生可多边辩论、随时辩论、全员辩论;而口语表达专题课上，教师会进行必要的知识传授与技巧点拨，学生可通过自主探究、团队合作的方式实现辩论活动的策划、实施及评价。随机式辩论不仅能让学生思维走向理性与清明，更能激发他们的学习兴趣、探究欲望，语文课堂自然也更“有声音”“有生气”“有生命”，由生产“应试型”考生转变为培养“适应”人才，实现了从思维、表达、合作等方面培育时代新人的教学目标。

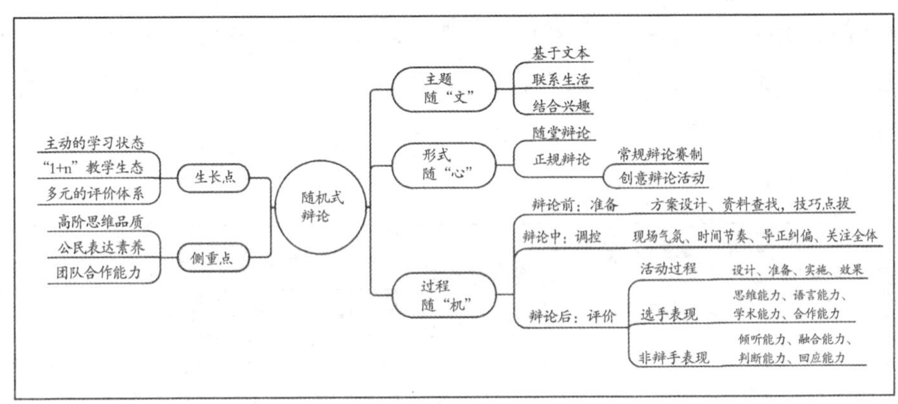

图 2－4：“随机式辩论”框架图

5. 理解式对话

理解式对话，是一种结合自由式发言和随机式辩论特点的常用于协作学习、交流分享等学习形式的活动形态。它是“输入”与“输出”两种学习方式的交互体现，也是提升语文课堂学习有效性的重要方式。

理解式对话强调在平等的合作学习中，师生之间、学生之间有表达、有倾听、有回应，达成有效乃至高质量的对话，并据此形成一个个螺旋上升的认知闭环，在不断的独立思考、交流分享、批判融合中，澄清误区，深化认识，解决问题。在这个过程中，聚焦思维、聚合意识、倾听能力、发散思维、反思意识、语用原则不断被强化，学生的语文素养、综合能力自然也随着对话的展开和深入不断提升，语文课堂也在“有声对话”中，彰显着“润物无声”的独特魅力。

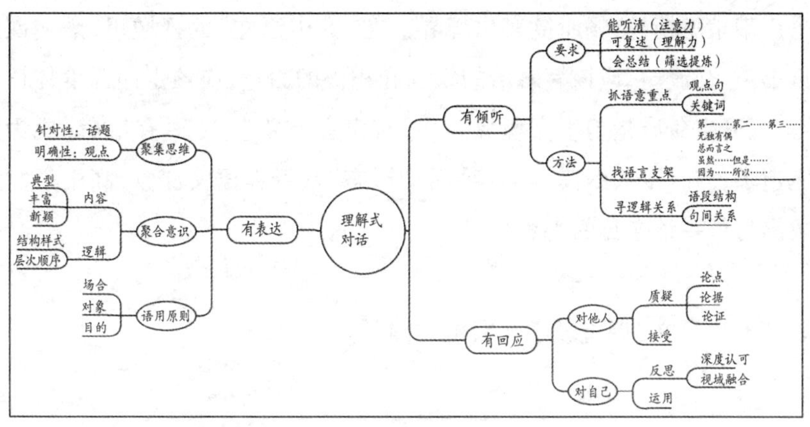

图 2-5:“理解式对话”框架图

6. 体验式表演

体验式表演,注重学生的诗性体验与深度感悟,倡导设身处地,在深入体会、细致感受、模拟表演的过程中走进文本,提升境界,是“有声语文”的高级课堂活动形态之一。

在体验式表演中,学生借助联想与想象,进入情境,扮演角色,再现场景,诠释情感,涤荡心灵。学生通过品读语言、揣摩心理,把握人物性格,体会人物情感,并通过声音、语言、神态、动作将其外显出来,零距离贴近文本,还原故事,领会内容,可谓“在他人的故事中活了一回”。这样,不但巧妙恰切地理解了文本和作者,更让涉世不深的高中生汲取了他人的经验、教训,获得了宝贵的人生智慧与精神滋养。

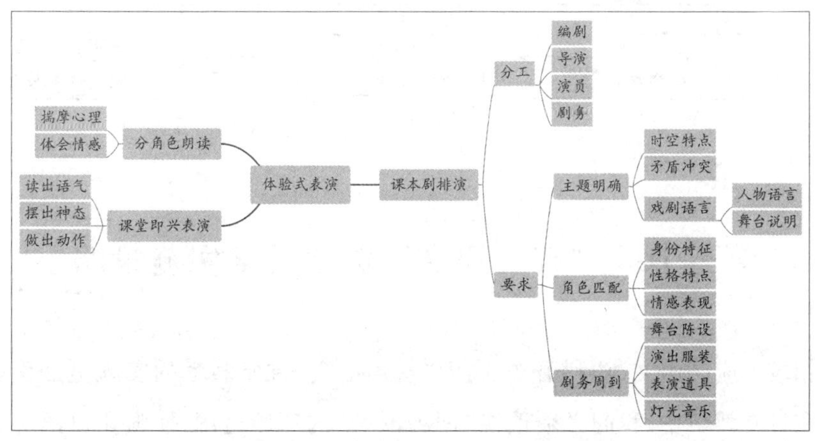

图 2-6:“体验式表演”框架图

书声琅琅见精神，畅所欲言出境界。在“有声语文”的视域里，语文课堂应该有读书声、交流声，应该有融洽的氛围和积极的力量，应该走向深度体悟与深入思考，提升生命质量与生命境界。当“有声音”“有生气”“有生命”成为师生的自觉追求，当沉浸式朗读等“六种活动形态”活跃在语文课堂，高中语文教学将绽放出另外一种夺目的光彩！

附：“有声语文”课堂教学实践模式图

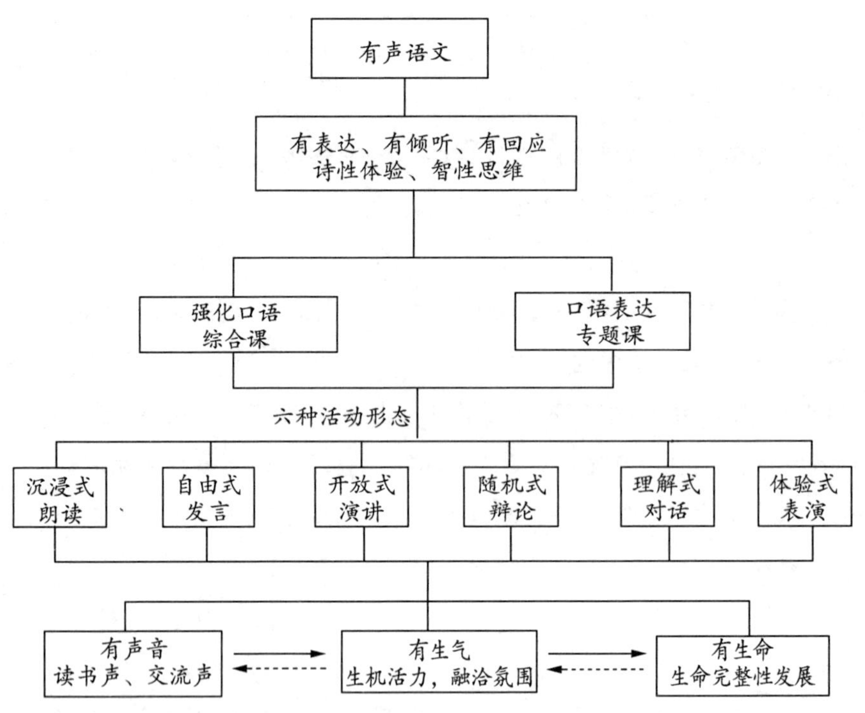

第二节　“有声语文”课堂教学实施策略

相较于应试语文、功利语文，高中“有声语文”课堂教学的实施更加困难重重。在日常教学中，我们必须重视“两种课型”的巧妙运用，使强化口语综合课与口语表达专题课相辅相成，共同作用；还要科学灵活地运用“六种活动形态”，

使之成为课堂教学的有机组成部分，成为学生学习的主要活动形式，让“有声音”“有生气”“有生命”成为高中语文课堂的三元素。

一、合理创设“有声语文”教学情境

语文是一门学习母语的综合性、实践性课程，富有意义的语文实践活动情境是学生学科素养形成、发展和表现的重要载体。罗杰斯的教学观认为人类原本就有学习的潜能，学校要为学生提供学习资源，在实际教学中需要建构真实的问题情境，注重学生的经验与兴趣，让学生养成积极参与、交流合作、善于探究的良好学习习惯。而根据奥苏泊尔的动机理论，我们发现，兴趣与好奇心是认知内驱力的最核心成分。因此，教师在创设教学情境时，要充分调动学生的兴趣，并鼓励其自由探索。

（一）教学情境要贴近生活

语文实践活动情境主要包括个人体验情境、社会生活情境和学科认知情境。《普通高中语文课程标准（2017 年版 2020 年修订）》中明确指出：“个人体验情境指向学生个体独自开展的语文实践活动，如在文学作品阅读过程中体验丰富的情感，尝试不同的阅读方法以及创作文学作品等。社会生活情境指向校内外具体的社会生活，强调学生在具体生活场域中开展的语文实践活动，强调语言交际活动的对象、目的和表述方式等。学科认知情境指向学生探究语文学科本体相关的问题，并在此过程中发展语文学科认知能力。”

“有声语文”以学生的情感体验和理性思考为重要学习活动，教师在设置教学情境时应该根据教学内容的特点和需要，尽量选取贴近学生现实生活的情境，让学生有安全、舒适、真实之感。皮亚杰的建构理论强调，学习不仅是知识由内到外的传递，更是学习者主动建构自己的知识经验的过程，学习者要想完成对所学知识的意义建构，最好的方式是通过获得直接经验来学习。在熟悉的情境中，学生更易消除紧张，更愿意深入思考，更乐于交流分享。

布置课堂学习大任务时，可以结合学生的校园生活，根据不同时间节点设置活动情境。如学习必修（上册）的诗歌单元，就可以与 10 月份的“迎国庆”“庆国庆”活动结合，设置国庆节学校诗歌朗诵会的任务，安排“挑选诗歌”“朗诵诗歌”“评价节目”等教学环节，引导学生进行沉浸式朗读、自由式发言、随机式辩论、理解式对话、体验式表演。面对熟悉的活动、真实的情境，学生的积极性高，学习探索的兴趣浓厚，活动参与度高，其口语表达、理解鉴赏、批判质疑、交流协作等能力在任务活动中都能得以提高。

也可以选取家庭中、社会上可能发生的情境，模拟对话场景，让学生扮演不同的角色交流对话。这样能够立足于学生的认知，建立与之相适应的教学情境，积极发挥学生主体作用。教学情境越贴近学生生活，学生越容易打开心扉，课堂越容易“有声音”；课堂氛围越好，学生的积极性越高，课堂就越容易“有生气”；“有声音”又“有生气”，教学效果就越好，学生的学科核心素养也越高，越容易实现“有生命”的价值旨归。

（二）情境设置方式要多样化

教学过程中，设置多种不同的学习情境、语言情境、想象情境、活动情境等能提高学生交流表达的欲望，有助于改善语文课堂教学生态，促进学生诗性体验和智性思维的再生长。在“有声课堂”上，教师设置情境任务时，应尽量采用多种方式来激发学生的兴趣，提升内驱力。

1. 善用“他山之石”

如教师可以借用名家评语进行语言渲染来设置情境。以关汉卿的《窦娥冤》为例，由于作品年代、文体特点等因素，当下高中生对元杂剧兴趣不大，学习《窦娥冤》的热情不高，不愿读、不想说，甚至感觉没有什么值得探讨之处，教师便可巧借名人之语来激趣。近代学者王国维被誉为“中国文化最后的坚守者”，他在《宋元戏曲考》中评价《窦娥冤》“即列之于世界大悲剧中，亦无愧色也”。教师就可以以这句话导入，进行语言渲染，营造氛围。一旦设置了这样的情境，学生很容易产生好奇心——或许是一探究竟的动力，或许是质疑批判的兴趣，或许是对比阅读的欲望……无论何种动机，无论何种课堂活动，都会在理解式对话、随机式辩论中，实现学生的主动学习、深度学习。

2. 引导“身临其境”

以艾青的《大堰河——我的保姆》为例，许多学生对于艾青的经历难以感同身受，品鉴不出诗句的情感魅力和艺术魅力。例如诗中“我做了生我的父母家里的新客了”一句，教师可从诗句表达中的“矛盾”处切入，引导学生调动自己的生活经验，深入体会“父母家”“新客”等词语的张力，引导学生设身处地，以意

逆志，静静感受：想象小艾青呆呆地看着写有“天伦叙乐”牌匾时那黯然神伤的样子；想象小艾青怯怯地看着母亲怀里并不熟识的妹妹时那孤独落寞的神情；想象小艾青换了新衣服吃着白米饭小心翼翼坐在炕凳上时那忸怩不安的姿态……不少学生因为“身临其境”而做到了“眼前有景，心中有情”，细细品味着诗歌语言的魅力，用心感受生命的重量，在沉浸式诵读、体验式表演等活动中，达到“言有尽而意无穷、悲意漫天余味不尽”的朗诵效果，实现了情感的深度体验，得到了生命的滋养。

3. 关注“学科融合”

教学过程中，教师引导学生入情入境时，除语言渲染外，还可以采用音乐渲染等方法。在充分了解学科优势的前提下，熟练运用学科特点，设计促进学科渗透、交叉的活动，在“学科融合”中突出语文味道，培养学生核心素养。如学习姜夔的《扬州慢（淮左名都）》这篇课文时，许多学生不能领会“黍离之悲”，他们会概括、能分析，却难以感受。在这种情况下，教师可以借助恰当的音乐，渲染氛围，催生情绪，唤出情感。还可以在赏读的基础上，播放、跟读曹灿老师等名家朗诵音频，实现学生诗性体验的再生长。

4. 巧借“媒介交互”

教师可以借助现代化信息技术搜索教学素材，创设教学情境，增加趣味互动，激发学习兴趣。例如，充分利用广播、电影、网络小程序等媒介播放经典电影的原声对话，设置各种教学情境，分析、讨论台词的妙处，模仿影片角色的表演，运用测评软件练习对话技巧……与演讲相关的《超级演说家》、与朗诵相关的《朗读者》、与访谈相关的《艺术人生》、与主持有关的《主持人大赛》都是可圈可点的优秀综艺节目，教师可以仔细辨别，甄选其中优秀内容，合理创设情境。

二、巧妙运用“有声语文”教学手段

高中阶段学生的年龄特点、心理特质、思维水平等，跟义务教育阶段相比有很大不同。高中语文教学在教学手段的选择和运用上，应该更灵活一些、丰富一些，应以启发教学为主、实践反思为重、鼓励赞美为纲，借助“六种活动形态”，鼓励学生感悟体验、思考质疑。通过一个个生命主体的积极参与和深度介入，形成课堂学习的氛围场，建构“有声音”“有生气”“有生命”的语文课堂。

(一)启发式教学为主

启发式教学的特征主要表现在突出学生主体性、注重启发过程、具有鲜明互动性三个方面。教学过程中,教师应有意识地激发学生兴趣,培养学生的问题意识,创设真实情境,坚守学生立场,引发情感共鸣,达成思维共识。

皮亚杰认知结构学说认为,儿童的认识能力不是从外部形成的,其思维结构的变化是由内部决定的,只有儿童自己“发现”的东西才会被儿童积极地同化。高中生处于迅速发展时期,在语文学习中,离开了他们的主体参与就不可能有主体性的形成与发展。只有让其参与语文教学过程,学生才能真正成为语文课堂教学活动的主人,成为学习和发展的主体,逐渐形成自己的独特人格、健全人格。高中生除了渴望得到教师认可外,相较于其他年龄段的学生,会更重视同伴的看法,更在意自己在团队中发挥的价值。而他们显然也具备了更强的学习能力和思维水平,自主、合作、探究式的学习方式更能激发他们的学习兴趣,取得更好的学习效果。因此,进行课堂教学时,除了必要的知识讲解和示范指导,教师切忌大包大揽,更不要硬性灌输,要抛出有价值的问题,启发学生自主探讨,通过小组合作等互动方式完成训练,提高能力。

(二)实践反思为重

“有声语文”强调让学生开展有价值、有深度、有意义的学习。按照波兰尼的观点,知识可以分为外显知识和缄默知识。“外显知识”是可以直接用言语表达的知识,具有明确的可传达性;“缄默知识”是只可意会无法言传的知识,它的可教性受到巨大限制。而语文教学必须以学生的缄默知识为基础,以显性知识为导引。显性知识牵引着学生,使其循着显性知识暗示的方向,在不知不觉中“意会”到缄默知识,并最终实现缄默知识向显性知识的转化。因此,语文教学中,教师应该尤其重视学生的实践和反思,让他们在做中学,在学中悟,在悟后练,在练后思。

以口语素养的提高为例,教师可以引导并鼓励学生充分利用课堂阅读教学中的对话交流、课堂作文中的口头表达、语文课前的三分钟演讲、朗诵社团的练习与展示、辩论社的训练与比赛、口语表达专题课等一切有助于口语素养提升的机会,去尝试、去练习、去发现、去改进、去探究。教师还可以把学生口语表达与交际的活动场景拍摄下来,让他们通过视频图像等反观自己在具体交际中存

在的问题,并通过同伴互评等方式及时改进,以达到事半功倍的效果。

(三)鼓励赞美为纲

所谓“亲其师则信其道”,适时、适当、真诚热情地赞美学生,不仅能表现教师的友善态度,迅速消除师生隔膜,还能激发学生的自我满足、自我认同。以鼓励为主,与赞美同行,“有声语文”课堂上,学生的积极性、参与度、获得感均会大大提高。

学生是独立的生命主体,教师要尊重学生的人格,着力为学生搭建成长的阶梯。高中生非常在意“面子”问题,很多学生之所以不愿表现、怯于尝试,多是因为怕丢面子、怕被嘲笑。心理学研究表明:人在和谐愉悦的氛围中思维处于最佳的状态。学生在和谐愉悦的课堂氛围中,才能进入最理想的学习状态。教学中,教师一定要尊重学生,认真倾听学生发言,努力挖掘学生闪光点,采用“鼓励为主促发展”的评价方式,积极为学生创设民主、平等、和谐、融洽的教育教学环境,促使其在积极的自我表现中增强自知、自控、自适、自洽,培养积极向上的情感态度与价值观,不断提升生命境界。

三、科学开发“有声语文”教学资源

语文学科素养的提高是一个循序渐进的过程,语文教学的实践性及课堂教学的有限性,要求联动家校两方、沟通课堂内外,而不能只是停留在语文课堂教学上。教师可以通过组织或引导学生参加语文社会实践活动来调动其积极性。因此,必须不断地整合优质教学资源,开发新的课程,为学生走向深度学习,提高语言建构与运用、思维发展与提升、审美鉴赏与创造、文化传承与理解等核心素养提供智力支持和资源保障。

(一)树立开放的教学资源意识

随着新课程改革的持续推进,部分教师具备了一定的课程意识,但仍有很多教师没有意识到教材之外的丰富资源也有较高的学习价值。即使是有能力进行教学资源开发与利用的教师,也存在仅将课外教学资源用在公开课中的现象,导致教学资源的开发与利用成为一种偶尔的展示活动,没能从实质上进入课堂教学,发挥应有的作用。因而,教师必须更新教学理念,树立开放的教学资源意识,积极开展实践活动,真正做到开发和利用教学资源,在实践中总结经验，在经验中提炼升华，不断创新实践能力，建设开放的动态的课程开发体系。

例如，社团系列活动课程可以分校外实践与校内活动两个层面。学校与社区等社会团体提前建立联系，定期组织学生参加社会实践——节假日去敬老院看望老人，周末去图书馆当义工等。这些课外实践活动能有效锻炼学生的口语表达能力和交际能力，不但能将在课堂学到的口语交际知识应用到现实生活中，还可以体验在课堂上感受不到的经历。学校还可以举办形式多样的语文社团活动，比如朗诵比赛、演讲比赛、主持人大赛、小记者选拔、辩论赛等。课程实施过程中，教师要鼓励学生积极参与，认真练习，引导更多的学生得到成长锻炼。

（二）提高资源开发整合的能力

语文教学资源的开发应以语文课程标准为目标，兼顾学生兴趣爱好。爱因斯坦说："兴趣是最好的老师。"莱辛也说："好奇的目光常常可以看到比他所希望看到的东西更多。"教师作为教学资源的开发者、设计者、实施者，应当具备优秀的筛选整合能力、课堂调控能力。教师要建立新的教学资源概念，形成系统的教学模式，要清楚引入教学的资源中包含哪些语文学习知识点，有哪些知识点能服务于课程标准提出的目标要求，既满足语文教学需求，又契合高中生的兴趣和实践水平等。

以新闻时评类教学资源的开发为例，教师须保证所选文章足够优质，可供学习。所选时评的思想内容要积极向上，要典型，要考虑时评的来源、作者、立场、时效、风格等因素。新闻时评应对标课程标准和教材，选择适宜的教学目标和教学内容，如结合统编高中语文教材必修（下册）第四单元"跨媒介阅读与交流"任务群开展具体的教学活动，学习辨识媒介信息，辨识其立场，评判其价值，多角度分析问题，形成独立判断，让学生在"有声语文"的教学资源中开阔眼界、发展思维，获得优质自我成长力。

第三节 "有声语文"课堂教学实施建议

新高考、新教材、新课标"三新"背景下的课堂是课程改革的主阵地，课程改

革中的先进理念必须通过课堂教学才能得以落实。当前，在广大教师的努力践行下，高中语文课程改革有序推进，但依然存在较多问题。根据我们对高中语文教学现状的调查分析，结合“有声语文”课堂教学的实践研究，教师认为应该从教学目标、教学资源、教师素养、评价体系等方面继续进行改善与提升，使“有声音”“有生气”“有生命”的“有声课堂”助力新课改顺利实施、完美落地，促进学生学科素养的全面发展和生命的完整性、持续性成长。

一、制定科学有序的教学目标，发挥教学目标的重要作用

教学目标是课堂教学的出发点和归宿，是决定课堂教学内容、教学方法、教学过程、教学评价的关键性条件。正如崔允漷教授所说：“（课堂教学目标）是教学的灵魂，支配着教学的全过程，并规定着教与学的方向。”有效的教学目标能最大限度地调动学习积极性，促使教学活动朝着效果最优的方向发展。然而，当下高中语文课堂教学目标的制定还存在许多不尽人意的地方，比如目标缺失、目标无序、目标笼统、目标片面、目标不切实际、目标急功近利、目标没有动态生成等。究其原因，主要在于教师对教学目标不重视、对课程标准不理解、对教学内容不研究、对学生情况不了解。可见，教学目标的制定理应成为“有声语文”教学实践的重要一环。

（一）制定教学目标的原则及注意事项

总体来说，制定教学目标要注意以下几个原则：整体性与针对性统一的原则，系统性与独立性兼顾的原则，预设性与生成性融合的原则，简明性与模糊性结合的原则。另外，我们还应该明白，任何学校教学活动都是为当代社会生活服务的，高中阶段“有声语文”的教学也必须适应时代和社会的发展需要，并体现出基础教育课程改革的价值取向，切实做到为党育人、为国育才。教师要认真研读新课程标准，准确、清晰地把握高中语文课程的性质与理念，明确教材特点、编者意图，在了解学生个性特征、认知风格、认知水平、认知态度、认知能力的基础上，结合自身教学风格、个性特点、知识储备，制定符合教学规律和学生发展水平的教学目标。

（二）教学目标的主要作用和重要意义

一般来说，教学目标对教学活动起着导向作用、指引作用、激励作用和规范

作用。它有利于教学的标准化，对教学内容和教学方向有规定性；有利于学生的学习，规定了学生的学习方向和学习行为；有利于教师的教学，便于教师掌握教什么、怎么教、教学进度；有利于教师和学生之间、学生和学生之间的交往与沟通；有利于充分发挥教师的主导作用，确立学生主体地位；还能成为教和学的评价依据。教学中，一旦制定了科学明确、严谨有序的教学目标，就必须严格贯彻落实，充分发挥其重要作用。

（三）制定高中语文口语教学目标的相关建议

鉴于“有声语文”是以“口语教学”为突破口和切入点展开研究、进行实践的，无论是“强化口语综合课”“口语表达专题课”两种课型的研发，还是“沉浸式朗读”“自由式发言”“开放式演讲”“随机式辩论”“理解式对话”“体验式表演”等“六种活动形态”的设计，都着重强调了口语教学的重要性，着力引导学生在“有声表达”中学习、体悟、交流、分享、思辨、成长。因而，“有声语文”中口语教学这部分内容的目标制定就尤为重要了。

教师进行教学实践前，首先应明确口语交际的教学目标，清楚其内容和价值取向，理解口语教学不但包括“独白式表达”，也包括“互动式交际”；其次还应确定学期教学目标，会分解课时教学目标，这样才能最大限度地避免教学随意性。

口语交际是把内在思维语言转化成外部口语的过程，语言是思维的外壳，思维是语言的内核，二者密不可分、相互作用。因而，口语交际教学的训练在本质上是学生思维的训练，强调“互动性”，侧重思维结果的具体化、交际效果的现实性。这涉及“语言建构与运用”“思维发展与提升”两项核心素养的培育。教师在确定教学目标时，应该把培养学生的语言能力和思维能力作为重点，精心设计教学环节，鼓励学生动脑动口，多去体验各种场合及不同文化中的交际情境，训练思维的条理性、开阔性、独创性、灵敏性、逻辑性等，并学会通过思维判断重新组织、整合语言材料，借助体态语进行及时、有效的有声表达，从而达成口语交际训练的目标。

根据口语教学的“表达性”要求，教师还必须教会学生基本的口头表达技能，如能注意语气、语速，能处理重音、停顿等。这意味着教师在教学中不能仅停留在“口头作文”“复述课文”等日常口语的训练内容和方式上，必须在“口语

表达专题课”上进行较为系统的指导和教学。可见，在实际教学中，教学目标的制定还要关注语言表达中具体技能的培养，借助情境，让学生学会如何有效地借助语调、语气、表情、手势等诠释情感，表达想法。

除此之外，教师还要培养学生良好的倾听习惯。如在倾听他人说话时，要给予充分尊重，不随意打断他人，也不能心不在焉，还要学会概括讲话要点，能迅速做出反应，这些也是有效提高学生的口语交际能力的重要方面。

总之，高中语文口语教学目标清晰，教学内容才更具有规定性，教学过程才更具有可操作性，教学结果才更容易有可测性，教师才能有的放矢，避免教学上的随意性。以“口语教学”为突破口和切入点的“有声语文”自然也是如此，师生将在教学目标的导向、指引、激励、规范等四大功能的共同作用下，顺利完成教学任务，实现素养提高、生命成长。

二、开发“有声语文”教学资源，辅助统编教材灵活运用

语文课程资源包括课堂教学资源和课外学习资源。教学内容是课程内容的教学实现，在教学过程中利用教材提供的资源，选择恰当的材料，以动态的形式传递给学生，更易于达成教学目标。

语文教师对教材的利用与开发具体表现为教师在教学活动中对教材内容的选择、加工与创造。众所周知，语文教学不是对教材内容的简单移植和照抄照搬，而是要把教材内容转换成适合学生学习的教学内容，变成易于提升学生语文素养的教学内容。这就需要语文教师对教材内容进行筛选、整合、设计和创造，赋予其鲜活的生命力。具体来说，这种加工与创造，包括预设教学目标、选择并调整教材内容、选择教学策略、组织教学活动、评价教学质量等。使用教材的过程，就是教师进行再创造的过程。

统编版高中语文教材力求体现新课程改革的目标和要求，遵循学生心理发展特点，精选学生终身学习与长远发展必备的基础知识与关键能力，从学生兴趣与经验出发，尝试用趣味性、多样性、探索性的素材展示教材内容，提出了观察、调查、访谈、讨论、探究等活动建议，为开发和利用语文教学资源创造了有利条件。然而，以“有声语文”的突破点——高中语文口语教学为例，仍然存在教学资源明显匮乏、不能满足学生日常学习需要的问题。如前文所述，统编版等现行高中语文教材中关于“口语教学”部分的内容编排，也存在随意、无序、指导

性不足等问题。这实际上也是制约高中语文口语教学发展的一个重要因素。

(一)创编高中语文口语教材,丰富课内语文教学资源

语文教育工作者应该重视并致力于教学资源的开发。就课内资源的建设而言,语文教师可以根据教学的现状、学情、地区特色等编写适宜本地特色的口语教材。在开发设计特色教材的同时考虑与现行教材有机结合,弥补现行教材的不足,丰富课内教学资源,使两者相辅相成。(见附录4《基于语言建构与运用能力培养的高中语文口语教学》课程开发与设计)

比如,编写高中语文口语教材时可以采用分阶段、分步骤达成口语教学目标的方法(见下表)。根据高中语文口语教学的教学目标,确定并选取科学合理的内容,编写成教材,使教师进行教学实践时有依据、有凭借,便于开展体系化的口语教学。同时,有了专门的口语教材,便可以按照计划固定时间开展教学,有助于改善"重读写、轻听说"的高中语文教学现状,促进学生的全面发展。

<table>
<tr><td rowspan="3">高一年级</td><td rowspan="3">具备口语表达的基础能力</td><td>1. 能运用标准普通话清晰、流畅地表达自己的观点。</td></tr>
<tr><td>2. 了解并学会朗诵与演讲,做到情感充沛、感染力强。</td></tr>
<tr><td>3. 能恰当使用体态语,优化口语表达效果。</td></tr>
<tr><td rowspan="3">高二年级</td><td rowspan="3">具备口语交际的"听""说"能力</td><td>1. 懂得基本的"听""说"礼仪。</td></tr>
<tr><td>2. 学会倾听,能听懂表层和深层含义。</td></tr>
<tr><td>3. 了解并参与讨论、辩论等活动,具备基本的逻辑能力、应变能力。</td></tr>
<tr><td rowspan="2">高三年级</td><td rowspan="2">具备不同情境下的口语表达与交流能力</td><td>1. 能积极参与各种语言实践活动。</td></tr>
<tr><td>2. 能恰当得体地应对他人,进行良好的交流与沟通。</td></tr>
</table>

(二)组织各项语文实践活动,拓展课外语文教学资源

语文教师是语文教学资源的开发者和使用者,应该增强资源意识,重视对教材的利用。同时,也应该深刻意识到,虽然语文教材是重要的教学资源,但它不是也不能成为唯一的教学资源。教师要充分发挥自身潜力,积极进行课外资源的开发与利用。

课外教学资源的开发与利用可以从教学资料的占有和实践活动的开展两方面入手。

1. 占有可利用的教学资料

为辅助统编教材的教学,教师需要依据课程标准、教学目标、学生背景知识等,主动搜集、汇总、分类、运用各类教学资源,如文字、音频、视频等材料,以及纸质书籍、网络信息、社会新闻等,只要有利于补充现行教材,助力学生综合素养发展的都可采用。例如,学习选择性必修(中册)第三单元的课文《苏武传》时,为了让学生深刻体会古人的忠诚、气节等美好品质,还可以拓展阅读《史记・赵氏孤儿》等经典文段,让学生深刻感受什么叫义薄云天,什么是操守和气节。在学习必修(上册)第二单元第四课《喜看稻菽千重浪》《心有一团火,温暖众人心》《探界者钟扬》这一组课文后,为了让学生了解更多优秀的建设者、奉献者事迹,还可以补充《中国这十年》等视频材料,让学生深入领悟什么叫爱国敬业,什么叫无私奉献,什么叫责任担当。在这些有趣味、有价值的拓展补充中,学生有话可说、有话要说,整个课堂“有声音”“有生气”,学生的核心素养不断提升。在这样的感动与思考中,学生的精神天空也会得到洗礼,越来越明亮、越来越厚重,让“有生命”三个字不仅贯穿在语文学习中,更铭刻在学生的成长经历中。

当然,搜集筛选各类教学资源必须保证质量。以“新闻时评”为例,此类资源可以引导学生关注社会现象、思考社会热点,但要考虑到时评是观念意识的传达、价值观念的输出,它对学生的影响是重要而巨大的;还应该认识到时评的质量往往良莠不齐,有官方报刊发表的社论,有专家学者撰写的时评,有新闻记者撰写的时评,也有身份各异、年龄各异的自媒体用户发布的感悟。而高中生年龄尚小,辨析判断能力尚浅,因此切忌随便搜集一些时评文章就当作学习资料。教师必须考虑时评的来源、作者、立场等,精心挑选符合学习要求,思想内容积极向上,具有典型性的优秀作品。

2. 开展有意义的实践活动

语文是一门实践性、综合性很强的学科,开展综合性实践活动是语文教学的必要一环。依据新课程标准和教学目标,教师应该在统编版高中语文教材的使用过程中,分阶段、分专题、分层级开展有价值有意义的语文活动。以统编版高中语文教材必修(上册)第一单元为例,本单元有五首现代诗歌,学习提示以及单元学习任务中多次提到了“反复诵读”“有感情地诵读”等学习要求,教师可以顺势组织学生朗诵社团，定期开展朗读活动，为有兴趣的同学开辟学习交流的空间。还可以设置“课前三分钟朗诵”活动，每节课正式进入新课学习之前，先进行优秀诗歌或经典文段的诵读展示，可以抽签，可以推荐，可以轮流，切实为每位同学创造诵读练习与展示的机会。为配合单元学习任务中“学写新诗”的要求，还可以举行年级或班级原创诗歌朗诵会。让学生们在丰富多彩的诵读世界里徜徉，在生动有趣的语文实践活动中成长。另外，进行本单元的教学时，除了日常的强化口语综合课，还可以开展口语表达专题课，让学生按照阶段、层级学习相应的诵读知识与技巧，提高朗诵水平，有所得，有所获。

除此之外，像“课前三分钟演讲”“课前三分钟辩论”“课前三分钟问答”等课前活动能极大丰富学生的学习内容，提高学生学习兴趣，改善课堂学习生态。而“春天送你一首诗”“冬日颂歌”“摄影文案展”“周末影评”“好书推介”“班报制作”“主持人大赛”“古诗词大会”“元旦朗诵会”“情景模拟交际场”等专项或系列活动则有助于沟通课堂内外，实现“在做中学”“在玩中思”“在乐中获”，让诗性体验与智性思维不断生长，比翼齐飞。

三、进行有针对性的教师培训，全面提升教育教学水平

教师是教学行为的实践者。开展教学活动、达成教学目标，不仅需要学生的高效学习，也需要教师的有效指导。为使高中语文课堂真正实现“有声音”“有生气”“有生命”，使沉浸式朗读、自由式发言、开放式演讲、随机式辩论、理解式对话、体验式表演六种教学活动形态真正运用得当，必须对语文教师进行教育理想、教育情怀、教育理念、教学技能等方面的培训，全面提升其教育教学水平，为“有声语文”的顺利实施提供师资保障。

以口语教学为例，错误的口语实践不仅不能提高学生的口语能力，还会带来不良的口语习惯，因此教师进行有效的口语教学指导是十分重要的。

1. 加强教师对《普通高中语文课程标准(2017 年版 2020 年修订)》的学习，加大教师培训力度，确保教师熟知新课标的具体要求，了解新教材的特点，为口语教学的顺利开展奠定基础。

2. 加强业务学习，切实提高教师对学生口语实践活动的指导能力。立足于口语教学的相关理论，对教师进行有针对性的培训，使其掌握口语教学的重要

理念、核心素养和基本技能,能对学生进行有效的指导,从而以最恰当、科学的方式将口语知识与技能传授给学生,切实提高学生的口语表达和交际能力。

3. 学生具有向师性,教师的专业素养、人文修养往往在日常生活的一言一行中表露出来,这对学生的发展有很大影响。因此教师要注重言传身教,把“学为人师,行为世范”的准则铭记于心,紧跟时代进步的步伐,及时更新、转变教育理念,不断丰富自己、充实自己,在班级管理和课堂教学中展现良好的教师口语素养,潜移默化地影响学生的言谈举止。

四、建立科学合理的评价体系,凸显“有声课堂”的价值追求

教育学家布鲁姆强调:“没有评价便没有教育,教师需要不断评价、反馈、矫正,才能保证目标的达成。”教学评价是教学的重要环节,客观合理的评价有助于教师发现学生在学习过程中的优势和劣势,可以及时改进教学。它既是检验教学目的达成度的重要手段,又是促进教师专业发展、全面提升课堂教学效率、提升学生核心素养的重要途径。可见,建立一个科学、长期、系统的评价体系,持续为教师、学生、课堂服务是非常重要而必要的。

(一)注重评价的发展性功能

教学评价的目的不仅是考查学生达到学习目标的程度,也是为了检验和改进学生的学习及教师的教学,通过不断改善课程设计,完善教学过程,有效促进学生发展。对学生进行能力评价应着眼于其生命个体的成长过程,不能忽视其当下的知识与能力,更应当关注其发展的潜力与进步空间。这不仅是学生成长的需要,更是社会发展对教育提出的要求。因此,不应过分强调评价的甄别和选拔功能,而要重视评价的发展性功能。

(二)注重评价标准的具体化

在对学生作出评价时,我们应该清楚评价的目的是什么。教师在评价学生能力时,要进行多方面的考核,但课程标准只给出宏观的评价方向而没有提供参考的细则。在具体的教学过程中,是否完成一个教学目标,完成质量如何,不同的教师心中会有不同的衡量标准,这样会使得教学评价出现主观性较强的问题,存在随意、模糊等特点。因此,应将语文课堂教学评价的基本目标具体化。例如评价学生的口语能力时,教师可以以交际意图是否实现作为标杆,把口语

交际评价的标准细化，从语言、语调、体态语、表达、仪表等角度进行评估，或者从口语表达与交际技巧等角度进行分化，然后再分别进行考察，建立统一可行的具体评价标准。

（三）注重评价主体的多元性

指导学生、同伴、家长等多个主体共同参与评价是当前教育教学评价需要提倡的评价方向。学生是整个课堂活动中的主体，教师在评价过程中要充分尊重学生的主体地位，学生对自己的学习状况有准确、充分的认识将有利于成绩的进一步提高，因此教师要指导学生开展自我评价，促进反思。另外，处于青春期的高中生，同伴群体对其影响极大，学生互评更容易调动积极性，相互学习，取长补短。而学生的家长可以根据学生成长的历程，站在一个较为完整的背景下对学生进行评价。这样就使教育教学评价成为教师、学生、同伴、家长等多个主体共同积极参与的交互活动，通过建立和谐、友好的交流模式，让学生愿意开口，愿意交流，在相互尊重和欣赏中不断增强自信，在“有声输出”和“有声输入”中提升语文素养。

（四）注重评价方法的多样化

评价形式是多样的，有定性评价、定量评价，也有形成性评价、终结性评价等，教师在评价过程中应该根据不同的情况采用不同的评价方法。以我国目前的教育形势来说，高考是实现全国教育公平的最优方案，但是口语考试并未出现在高考考查范围中，情感态度价值观等考查也无法得到真实、充分的体现。这必然降低师生对口语教学的重视，也必然造成高中课堂上生命教育无法常态在场的状况。因此，高中语文口语测试等理应纳入考试范围。例如落实素质教育，健全口语检测机制，采用定量和定性两种评价方式并行运作，计算成绩时平时与期末的成绩各占一定比例等方式，为广大教师提供学情依据，为高校招生提供录取依据。

（五）注重以激励性评价为主

教师在对学生能力进行评价时，应该以对学生产生正面引导为目的。高中生处于青春期，自我意识已经觉醒，自尊心强，在课堂活动中容易产生心理上的障碍，如羞涩、不自信等。相较于初中生，他们在课堂上倾向于沉默，自我效能感低于实际水平，渴望得到认可和表扬，因此教师要以鼓励、表扬等积极评价为

主。巧用激励性评价能促进学生语文学习的态度与情感的培养。

总之，教师在对高中生语文学科素养进行评价时，应该建立长期、整体的评价规划，评价标准的制定要充分考虑教学目的和课标要求，并且把教师、学生、同伴、家长等都纳入评价主体行列，根据不同的情况综合采用不同的评价方式，将学生的参与过程和结果统一起来，建立一个完善的评价体系，促进高中“有声语文”教学的顺利实施。

第三章

“有声语文”教学主张的探索与实践

第一节　高中“有声语文”课堂教学的实践探索

破解诵读密码 体味语言魅力

摘要：本文围绕有感情诵读的方法问题，从音节特点的“声音化”，文字内涵的“图片化”，言语形式的“特色化”三方面进行了科学系统的阐述。其中，音节特点的“声音化”，从音韵学的角度对“四呼”的朗读运用和调值的朗读处理进行了论述；文字内涵的“图片化”，主要介绍了“文字还原图景”和“文字创生情境”两种策略；言语形式的“特色化”，则重点分析了文本的语言表达形式及风格对朗读方法的提示作用。

关键词：诵读　音节特点　还原图景　创生情境　言语形式

诵读能力的培养是语文教学中绕不开的重要问题。自古以来，读书就十分讲究“口诵心惟”，朗读的效果往往和内容的把握互为前提、相辅相成，即朗读得充分有效可以加深理解与感悟，理解感悟得准确深刻又可以提高朗读的表达效果。然而，学生们“在瞎弄里摸索，自悟自得的毕竟是少数”（鲁迅语），教师该如何进行诵读指导呢？可以给学生提供哪些角度和抓手呢？

一、音节特点的“声音化”是内涵情感的外在呈现和自然流露

根据音节特点，把音节朗读得准确、充分、到位，就是音节特点声音化的过程，也是自动呈现和自然流露作品思想情感的过程。而真正优秀的作品大都是音韵和谐、音情一致的。若我们可以将其音节特点声音化，“读出感情”绝不是一句空话。韵母、调值等音节特点的不同决定了朗读时音量大小、气息强弱、语调抑扬、气息虚实的不同，而这些都是提高诵读水平的基本要义。

以传统语言学的“四呼”为例，音韵学家把韵母分为开口呼、合口呼两类，每类又分洪音、细音两种，开口呼洪音仍称“开口呼”，细音称“齐齿呼”，合口呼洪音称“合口呼”，细音称“撮口呼”。其中，开口呼音量更大，气息更强，读得也该

更响、更强；齐齿呼、撮口呼则反之。

寒蝉凄切，对长亭晚，骤雨初歇。都门帐饮无绪，留恋处，兰舟催发。执手相看泪眼，竟无语凝噎。念去去，千里烟波，暮霭沉沉楚天阔。

多情自古伤离别，更那堪，冷落清秋节！今宵酒醒何处？杨柳岸，晓风残月。此去经年，应是良辰好景虚设。便纵有千种风情，更与何人说？

柳永的《雨霖铃》是抒写离愁别绪的千古名篇，将惜别时的真情实感表达得缠绵悱恻，凄婉动人。若能按这首词的音节特点诵读，自然而然就会带有这样的情感基调。全词多用入声字，且多为齐齿呼（以 i 开头的韵母，发音时上下齿几乎是对齐的）、合口呼（以 u 开头的韵母，发音时双唇合拢，呈扁形）、撮口呼（以 ü 开头的韵母，发音时双唇撮拢，呈圆形），极少开口呼（即不以 i，u，ü 开头的韵母，-i 前，-i 后除外）。因而，整首词应该读得低沉、缓慢、凄婉。而偶尔几个开口呼音节的加入，又造成了声音的高高低低，语调的抑扬顿挫，完美契合了柳永哀怨缠绵的离愁别绪。

“寒蝉凄切，对长亭晚，骤雨初歇”中，“切”“歇”都是齐齿呼，音小而低；中间的“晚”是开口呼，音大而亮。这三句读来，便是“小大小”的音量和“抑扬抑”的调子。又因“晚”字为上声，不及阳平和去声响亮干脆，便多了几分婉转、压抑，使得这三句读来总体音量偏小，抑扬顿挫中又仿佛环绕着低缓的提琴音，营造出凄凉悲苦的氛围。

“都门帐饮无绪，留恋处，兰舟催发”中，“绪”“处”“发”分别是撮口呼、合口呼与开口呼。从音调上看，“仄仄平”的组合似乎读来应为“重重轻”的节奏，但因最后的平音“发”为开口呼，平添了几分亮音，实际上得到了“重重重”的效果，结合“长短短”的句式，这三句读来，语重情浓，声音渐次增大，节奏不由加快。至“发”字，无论是重读收音还是颤音延长，都能传达出二人依依不舍之际，船家催促的紧张气氛和不得不黯然离别的痛苦矛盾。

诵读指导中，音节特点的辅助作用，不仅体现在整篇、整段和句群上，还能体现在某个字词的处理上。

永和九年，岁在癸丑，暮春之初，会于会稽山阴之兰亭，修禊事也。群贤毕至，少长咸集。此地有崇山峻岭，茂林修竹；又有清流激湍，映带左右，引以为流觞曲水，列坐其次。虽无丝竹管弦之盛，一觞一咏，亦足以畅叙幽情。

是日也，天朗气清，惠风和畅。仰观宇宙之大，俯察品类之盛，所以游目骋怀，足以极视听之娱，信可乐也。

以王羲之的《兰亭集序》的字词为例，其中“茂林修竹”一句中，第一个字“茂”是开口呼，并且是去声，朗读时就应张大口腔，将“茂”的读音发完整、发饱满，从而感受一大片林子的繁茂与生机。而最后一个“竹”字，是合口呼，并且是阳平，可以从声调入手，将阳平的调值诠释到位，将昂上调的走势朗读分明，适时拖音、延长，用清晰有力的声音持续地吐出“竹”字，让人在充满感染力的声音中“看到”翠竹修长的形象和挺拔的风姿，体会诵读的魅力。

再如“天朗气清，惠风和畅”一句中“朗”和“惠”的诵读处理。“朗”为开口呼，声音响亮干脆，加之上声的调值，发音慢而转，容易让人产生目光流转看到整个天空都辽阔明净的感觉。而“惠”字，为合口呼，不能像读“朗”那样清晰有力、干脆实在，应把语气变得轻柔，将声音适当虚化，飘飘忽忽、慢慢悠悠地发音，让人产生微风拂面、温和惬意的感觉。事实证明，有了感觉，朗读也就有了情致和韵味。

这样指导诵读，王羲之兰亭集会时“乐”的情感自然会流露在学生的声音里。

二、文字内涵的“图片化”是深层意蕴的生动描摹与形象展示

文本的文学意义是随着读者的阅读过程而展开的，因此，尚未跟读者遇合的作品在本质上还只是件半成品。如果没有读者的深度介入，作品的意象、内涵及表现形式等就不可能成为审美对象；如果没有读者的深刻领会与独特感悟，也不会有震撼心灵的成功诵读。将文字内涵“图片化”是感悟文本深层意蕴的有效途径，也是成功诵读的必由之路。那我们如何帮助学生“看见图片”，“触摸诗心”，吟诵涵泳呢？

1. 文字还原图景

还原图景，是指读者借助联想等方法，通过对文字的分析和感受，将描写细致，有清晰“蓝图”的文本还原成作者进行文学创作时摄取的情境，从而达到身临其境的方法。一般来说，可“还原”即可“被看见”，“被看见”则更容易被诵读、被传达。

以《再别康桥》为例，我们可以引导学生联想、想象，将一个个单调的语言符号还原成徐志摩眼中充满色彩、别有情致的生动画面，使学生身临其境，进行美的诵读，获得美的感受。

软泥上的青荇/油油的在水底招摇/在康河的柔波里/我甘心做一条水草！

这几句诗重点描摹了美丽的“青荇图”。我们要引导学生去感受：“软泥上的青荇，油油的在水底招摇”究竟是怎样一幅图景。这个过程，绝不仅仅是“绿绿的水草随着康河清澈的柔波轻轻起伏、微微摇摆”的理性分析，更应是用心品读、体察、感悟基础上的“还原”与“看见”。这时，学生看见的青荇可能是鲜翠欲滴、光鲜碧绿的，也可能是柔韧、光滑而细腻的，甚至是像抹了油、打了蜡、折射着粼粼波光的。“被看见”的水草让人感到无限蓬勃的生机和无比旺盛的生命力，它安然地待在湿滑的软泥上，在清澈的水底随波荡漾，无拘无束，自由自在，多么让人喜爱，多么让人艳羡！“看见了”这样的图景，有了这样的体会，学生用声音描摹“青荇图”时，怎能不饱含热爱与眷恋？在此基础上理解“在康河的柔波里，我甘心做一条水草”也就水到渠成了，“甘心”二字的诵读又怎能不到位呢？

可见，能否恰切地将文字进行图景还原，是有感情地诵读中很重要的一环。

2. 文字创生情境

创生情境，是读者借助个性化的想象对情感张力大、思想意蕴丰富的作品进行意境的合理创设，从而入情入境，共情共鸣，获得独特感知的过程。一般来说，可“创设”即可“被代入”“被融入”，情动于衷，自然能读得情感真挚，情意流转，感人至深。

楚天千里清秋，水随天去秋无际。遥岑远目，献愁供恨，玉簪螺髻。落日楼头，断鸿声里，江南游子。<u>把吴钩看了，栏杆拍遍，无人会，登临意</u>。

辛弃疾的《水龙吟·登建康赏心亭》上阕中，落日西斜，秋风瑟瑟，词人极目远眺，看到秀美山峦念故土，听到孤雁悲鸣悼际遇，可惜报国无门，可叹壮志难酬。无论是“落日楼头，断鸿声里，江南游子”的意象与情绪，还是“把吴钩看了，栏杆拍遍，无人会，登临意”的动作与题旨，都生动形象，意蕴丰富，耐人寻味。我们可以适时地介绍背景，营造氛围，为情感蓄势，再指导学生品词析句，让他们模拟导演或演员的角色，创生情境，捕捉镜头。

【情境一】词人端详着宝刀，那饱经风霜、满是老茧的大手一遍又一遍、来来回回、不停摩挲着刀身。斩金截玉、削铁如泥，又如何？无用武之地！想到大好山河沦丧，想到敌占区父老乡亲还在水深火热之中，他忧心如焚、焦躁难安。他悲愤地拍打着一根根栏杆，萧瑟的秋风无情地撕扯着他花白的须发，他虎目圆睁，眼含热泪，拍打渐渐无力，终于，伴着挣扎与无奈，他的动作越来越慢，声音越来越低，他的手沉重地抬起却艰难而又颓然地落下。他扶靠着栏杆，慢慢跌坐，头稍仰，目微闭，宝刀孤零零地躺在角落。没有伯乐，没有知己，死寂空旷中，只有风的呼啸、雁的悲鸣，还有词人微微颤抖的身躯……

【情境二】词人怜惜地看着手中刃如秋霜、吹发即断的宝刀，想到只能将它佩于身侧充当饰物，不禁悲从中来，忧愤交加。他狠狠地拍打着栏杆。然而，纵使把栏杆拍遍了，他依然无法改变处境。武艺高强又怎样？热血满腔又怎样？不得重用，无法施展，壮志成灰！故土依旧沦丧，乡亲依旧挣扎苟活于敌手，家国之恨绵绵不绝，思乡之痛遍布四骸。任凛冽秋风刮乱花白的须发，任阵阵寒意砭刺刚毅痛苦的面容，在落日苍白的寂寥中，在孤雁离群的悲鸣中，他形单影只，仰天长啸，悲愤地嘶吼，站成了一个大写的“人”……

“一千个读者就有一千个哈姆雷特”，不管是忧愤无奈的，还是悲愤不甘的，只要灵魂是辛弃疾笔下的主人公形象，只要学生可以入情入境，悟情悟境，与其遇合，与其共鸣，与其实现生命的同构，就能读出情感，读出味道，读出感动。

三、言语形式的“特色化”是情感意旨的隐秘提示和另类体现

诚然，作家都有相对鲜明的写作特色，不同的作家有不同的写作风格，但不可否认，越是出色的作家，越容易实现内容和形式的有机统一，越能自然而然地在言语组织形式上体现出与情感意旨的一致性。若能发现并感受到这种一致性，朗读时，自然有章可循，有法可依，更容易读出情感和韵味。

以余光中先生的《听听那冷雨》为例，全文紧扣“雨”这一意象抒发思乡之情，整篇文章语言灵动娴熟，骈散结合，错错落落，长短参差，行文节奏张弛有度，缓疾有致，能吸引读者调动多种感官，并借助听觉、视觉、嗅觉、味觉、触觉等感官体验，如临其境，如历其事，自然而然进入作者丰富深邃的情感世界，浸泡在浓浓的乡愁中，情不自禁地长吟短哦。读者越读越有味道，越读越觉得由内

而外浑然一体，越读越觉得字句之间水汽氤氲，仿若一字一雨滴，连字成词，滴滴成串，一句一句慢慢读来，便丝丝飘洒，串串滴落。

> 惊蛰一过，
> 春寒加剧。
> 先是料料峭峭，
> 继而雨季开始。
> 时而淋淋漓漓，
> 时而淅淅沥沥，
> 天潮潮地湿湿，
> 即使在梦里，
> 也似乎有把伞撑着。
> 而就凭一把伞，
> 躲过一阵潇潇的冷雨，
> 也躲不过整个雨季。
> 连思想也都是潮润润的。

文章开篇的语言结构就氤氲着一片雨气。“……一过……加剧……先是……继而……时而……时而……即使……也……而……躲过……也躲不过……连……”文句之间，勾勾连连，似断非断，像极了缠缠绵绵、丝丝连连的细雨，像极了萦绕心底、挥之不去的乡情。朗读时，自然也要不急不躁，轻柔低婉，读得回味隽永，意蕴悠长。

进入雨幕，细读文章，会感到充盈的水汽和不时滴落的雨珠。“料料峭峭”“淋淋漓漓”“淅淅沥沥”“天潮潮”“地湿湿”“潇潇”“潮润润”，一个个叠词散落在文句中，展现着独特的节奏和乐感，读来音韵和谐、朗朗上口，多么像一条条缠绵的雨丝，时急时缓、时大时小、时轻时重，却连绵不绝地落下来，落下来，又落下来……学生朗读时，定会情不自禁地放缓语速，揣摩重音和拖字，有意识地抑扬顿挫，用心模拟雨落的形态和声音。

《故都的秋》也是文质兼美，言语形式极具特色的经典美文。郁达夫用饱含情愫的笔墨描画了一卷神韵清绝、质朴独特的北国秋色图，蕴含着对故都深沉的赞美、向往和眷恋。郁达夫的言语形式、遣词造句在一定程度上折射出他丰富细腻、富有个人特质的情感世界，而这恰恰是文章所要表达的情感和旨趣。诵读指导时，如何运用这个抓手呢？

在北平即使不出门去(吧)，(就是)在皇城人海(之)中，租人家一椽破屋(来)住(着)，早晨起来，泡(一)碗浓茶，向院子一坐，你(也)能看(得)到很高(很高)的碧绿的天色，听(得)到青天下驯鸽的飞声。从槐树叶底，朝东(细)数(着)一丝(一丝)漏下来的日光，或在破壁腰中，静对(着)像喇叭似的牵牛花

(朝荣)的蓝朵,(自然而然地)也能够感觉到十分的秋意。

如果仅读画线的字句,文意没有变化,但味道淡了,效果也差了。因为原文中“吧”“就是”“来”“着”“得”等口语化的字眼、结构性的助词,以及“很高很高”“一丝一丝”等叠词起到了舒缓节奏的作用。这样的言语形式决定了朗读时语速要慢,语气要缓,作者像聊家常一样娓娓道来,慢慢悠悠,时而是不动声色的自得,时而是洒脱随意的闲适,时而是几不可察的落寞,而这恰恰契合了作者笔下故都秋季清、静、悲凉的特点和意蕴。而且,叠词除了舒缓节奏之外,还很容易产生画面感,让人情不自禁去想象“很高很高”的天空和“一丝一丝”漏下来的日光,更真切地感知秋日天空的辽阔、高远与清静,更形象地感受槐树下日光的细腻、寥落与静美。如果能关注并把握好言语形式的特点,朗读时,自然会不由自主地放慢语速,拖长尾音,以声传情,以情动人。

但凡好作品,语言组织形式往往是极具特色的,能暗合思想情感的精髓,实现作品形式和内容的统一。我们应该引导学生抓住其形式上、风格上的“特色”,更深入地理解、感知内在情感,让朗读也形神兼具,有滋有味,更深入、更感人。

《雨霖铃》朗读略谈

“黯然销魂者,惟别而已矣。”古往今来,描写离愁别绪的佳作很多,《雨霖铃》便是其中的佼佼者。这首词将离别难、相思苦传达得淋漓尽致,极具婉约美。在朗读中,应该如何诠释这种凄楚动人的离情呢?我们将从音读、义读、情读、美读四个角度和层次来谈一谈《雨霖铃》的朗读要点。

一、音读——大珠小珠落玉盘

音读是指达到了读音无误、字正腔圆、准确清晰等要求的朗读,属于朗读水平的最低层次。它要求朗读者使用普通话朗读,每个字的字音必须清晰准确,不能读错一字,增减一字。《雨霖铃》中有几个字音需要我们注意。“切”在“凄切”一词中应读去声;“留恋处”和“今宵酒醒何处”中两个“处”字分别取“当口儿”“地方”之义,均应读去声;“兰舟催发”中“发”是“出发”的意思,应读阴平;

“更那堪，冷落清秋节”中“那”相当于通假字“哪”，应读上声。除此之外，“骤(zhòu)”“噎(yē)”“霭(ǎi)”等几个字的读音也容易出错，需要格外注意。

二、义读——间关莺语花底滑

义读是指自然流畅、语意传达准确完整的朗读，是朗读的基本能力层次。朗读时要做到：停顿科学，重音、拖音合理。最起码不能把词句读破、读乱。只有该停的停，该断的断，语意才会准确完整。否则，要么语意模糊不清，要么语意支离破碎。另外，重音、拖音的恰当处理，也是确保语意准确清晰的重要方面。因为处理不同，语意的表达、感情的抒发也不同。

根据语意和节奏，简单来说，《雨霖铃》应这样断句——

寒蝉/凄切，对/长亭/晚，骤雨/初歇。都门/帐饮/无绪，留恋处，兰舟/催发。执手/相看/泪眼，竟/无语/凝噎。念/去去，千里/烟波，暮霭/沉沉/楚天阔。

多情/自古/伤/离别，更/那堪，冷落/清秋节！今宵/酒醒/何处？杨柳岸/，晓风/残月。此去/经年，应是/良辰好景/虚设。便/纵有/千种/风情，更/与何人/说？

但是，《雨霖铃》是一首词，朗读时还应保持乐句的完整性。课文中的标点是从语意连贯这一角度出发进行处理的，有些断句跟乐句停顿并不一致。例如“寒蝉凄切”是一个乐句，“切”字起韵，应有稍长的停顿。此外，“都门帐饮无绪”“今宵酒醒何处”皆为独立乐句，也应这样处理。

有些乐句中还有“一字逗”。如“对——长亭晚”“竟——无语凝噎”“念——去去，千里烟波，暮霭沉沉楚天阔”“更——那堪冷落清秋节”“便——纵有千种风情，更与何人说”。因为“逗”相当于八分或十六分休止符，所以“对”“竟”等领起字，也应稍作停顿，读去声并适当拖音，声断气不断。

另外，词中的韵脚字有“切”“歇”“噎”“阔”“别”“节”“月”“设”“说”，要做重音处理，读得鲜明。

三、情读——芙蓉泣露香兰笑

情读是指能准确恰当、较为生动地传达作者思想感情的朗读，属于朗读水

平的较高层次，也是学生应该达到的朗读层次。如孟子所说“以意逆志”，设身处地，激昂处还他个激昂，委婉处还他个委婉。

首先，应该准确把握全词的感情基调，注意语速和语调。《雨霖铃》的主旨是“伤离别”，感情基调是凄凉哀婉的。我们应该放慢语速，用低沉哀婉的语气来朗读。

其次，柳永笔下的“蝉”“雨”“兰舟”“烟波”“暮霭”“秋”“酒”“杨柳”“风”“月”等意象均是词人情感的物化表现。它们经过了词人情感的浸染，构成了具有审美意义的“有我之境”。只有经过细细品读，进入这首词的血肉和肌理中去，我们才能深刻感受柳永的情感和心跳，把这种化不开的愁情表达出来。

“寒蝉凄切，对长亭晚，骤雨初歇”以凄凉萧索的环境酿造了足以触动离情别绪的气氛，应读得低沉。

“都门帐饮无绪，留恋处，兰舟催发。执手相看泪眼，竟无语凝噎”是说正在两人留恋不舍的时候，船家已经催促他出发了，两人难舍难分，纵有千言万语也不知从何开口了，只能手相握，眼相对。此处应读得痛楚不舍、哽咽欲哭。

“念去去，千里烟波，暮霭沉沉楚天阔”是写想到前路茫茫，“离愁渐远渐无穷”。阴暗苍茫的色调表明了词人郁闷的心理，一望无际的大海和空阔的天空则更凸显了词人的孤独，应读得孤独、落寞、苍凉、沉重。

“多情自古伤离别，更那堪，冷落清秋节！今宵酒醒何处？杨柳岸，晓风残月”因呈现“清秋”“晓风”“残月”等意象，让人心生凉意，加之“杨柳”的寓意和“借酒消愁愁更愁”的结果，离情之悲之苦溢于言表，我们应读出这种凄楚和落寞。

“此去经年，应是良辰好景虚设。便纵有千种风情，更与何人说？”则于浓浓的痛楚中又增添了深深的无奈。

当然，为了更深刻地体会这种情感，我们还可以思考古人重离别的原因，并展开丰富的想象。如前路迢迢、山重水复、归期难料、交通不便、音信难通，或许一时的别离就是一世的别离，等等。

四、美读——空山凝云颓不流

美读是指在情读的基础上，朗读者运用音变、咽字、颤音等朗读技巧，把作品的思想感情和艺术风貌鲜明生动地表现出来的朗读，是依托文本、结合读者的审美体验进行的二次创作。美读属于朗读水平的最高能力层次，也是我们的目标和方向。

为了更好地读出凄楚、落寞和痛苦，一定要做到“眼前有景，心中有情”。“今宵酒醒何处？杨柳岸，晓风残月”中的“何处”一词要读出疑问语气，“杨柳岸，晓风残月”应“一景一顿”，声断气不断。而“都门帐饮无绪，留恋处，兰舟催发”中“留恋”和“催发”一缓一急，要把这种矛盾心情，这种依依不舍读出来。

另外，在这首词中，有几句是应读得泪眼蒙眬、哽咽欲泣的。例如“执手相看泪眼，竟无语凝噎”一句，如果能运用技巧以极力压抑的哭腔去诠释，效果会很好。再如，“更那堪，冷落清秋节”中“清秋/节”的处理，“应是良辰好景虚设”中“虚/设”的处理，使用咽字和颤音的技巧，“节”“设”二字都在仿佛无法言语却又必须言语的状态下吐出，会有很强的感染力。词人的悲戚与痛楚也会有更加生动而完美的体现。

悟情入境，达情传神

——浅谈《声声慢》的朗读技巧

宋代词人李清照在国破、家亡、夫死之后，饱受相思之痛、怀乡之恨和颠沛流离之苦，在凄凉的晚年写下了著名的词作《声声慢》。该词通过描写词人在寒秋之际的所见、所闻、所感，抒发了词人孤寂落寞、悲凉愁苦的心绪。

朗诵该词的音频很多，但众多作品要么情感不足，要么过分悲戚。笔者以为，这看似矛盾的两种极端，都是由于朗诵者体会不深、不细，没有全面了解李清照这一奇女子造成的。那么，如何才能恰如其分地传达这漫天的愁情呢？

一、浸心方能悟情入境

古人云：“诗词贵悟，悟贵入境。”所谓“浸心”，是指将心放入词人的浓情中浸泡，即朗诵者凝神静气，反复揣摩，仔细咀嚼，深入词作的血肉和肌理中去。“悟情入境”则指朗诵者能形象地感知深藏在一个个文字之中的深邃隽永的思想和委婉复杂的感情，达到如触其物、如闻其声、如临其境的效果。

《声声慢》一词写得凄楚悲绝。朗读时，应用低沉悲戚的语调和较为缓慢的

语速，但仅仅限于“了解”或“知道”，刻意地压低调子、机械地放慢语速是远远不够的。朗读者必须成功“浸心”，对词人之情有深刻体悟。在此基础上，其情感缘心而生、由内到外，或喷薄而出，或悄悄流泻，怎么可能情感不足，给人矫揉造作、拿腔作调之感呢？

要真正做到“浸心”，实现“悟情入境”，必须“以意逆志”，尽力张开联想和想象的翅膀，设身处地，静静感受，做到“眼前有景，心中有情”。如“梧桐更兼细雨，到黄昏、点点滴滴。这次第，怎一个愁字了得”一句，我们可以想象，在这萧瑟的秋天，夜幕渐渐落下来了，象征着凄苦的梧桐寂寞地站立在庭院里，稀疏的枝条在凄冷的秋风中无助地摇晃，无情的雨滴不断地敲打着开始泛黄枯萎的树叶。度日如年、备受煎熬的词人独自一人寂寥地呆坐在空荡荡的屋子里，听着雨打桐叶的“啪嗒——啪嗒——”声。这雨不只滴在树叶上，更滴在词人那千疮百孔的心上啊！我们还可以想象，在这片冷清、阴森、死寂的气氛中，无边的黑夜在不急不缓、单调清晰的雨滴声中显得愈发寂静，格外空洞，尤其可怕。词人也愈发感到空虚、寂寞、悲凉和无可名状的压抑，甚至会心慌焦躁，坐立不安。终于，种种愁情、种种怨恨一齐涌上心头，喷薄而出：“这次第，怎一个愁字了得！”

有了对情感的深刻体悟，再注意一下停顿、重读、拖音、吞咽字等朗诵技巧，自然能读得情真意切，感人至深。如“更”字要重读，“点点滴滴”四个字要由轻到重，一字一顿。“这次第”读得要快，音量要大，表现出痛苦和辛酸的无法掩饰、不可压抑。此三字读完之后，应有稍长的停顿，以示词人欲说还休，欲诉无语，欲泣无泪的状态。“怎一个/愁字/了得”中，“愁”字必须重读，可语调上扬，“了得”二字，则宜放慢语速，轻声读出。为了增强感染力，可以运用哭腔，“了”字适当拖音，“得”字如在喉咽，颤音强吐。这样词人的千般愁绪、万般无奈和无限痛苦便传达得淋漓尽致，达到言有尽而意无穷，愁绪漫天余味不尽的效果。

二、察人方能达情传神

所谓“察人”，是指全面了解词人的生平经历、性格志趣等，能感知其内心，走进其精神世界。“达情传神”则指朗诵者不仅能准确完美地传达词人的情感，而且能鲜明生动地传达出词人的精、气、神，让听众看到站立在这些饱蘸情感的文字背后的不朽形象，用心灵触摸他们那高贵的灵魂。

《声声慢》全词无一“泪”字，却满纸呜咽，浸染了李清照一生的悲剧故事和心底的种种怨愁，可谓景景含愁，句句悲苦。这首词一开篇就以“寻寻觅觅，冷冷清清，凄凄惨惨戚戚”这样极强的节奏冲击读者的耳目，营造了一种愁惨凄凉的氛围，把我们带入了巨大的悲情和痛苦中，让人情不自禁地去想象当时的情景。李清照，一个曾经“沉醉不知归路”“兴尽晚回舟”“惊起一滩鸥鹭”的天真活泼可爱的少女，如今却不顾形象，甚至处于半痴狂状态，那么急切、那么渴盼寻找到什么，抓住些什么来聊以慰藉。然而，她却一无所获，周围是“冷冷清清”，便不由得感到“凄凄惨惨戚戚”。这样强烈的愁情，这样无助的人儿，猛然间就撞疼了我们的心。

但是，读这首词一定要“欲语泪先流”，读得悲戚欲绝，哽咽难言吗？

李清照“以平常语诉说出精妙的心理体验，在不避口语处传达出难以窥见的心灵深处的颤动”，被世人推为“婉约词派之宗”，但她并不是个感月吟风、悲悲切切的柔弱女性。品读《漱玉词》我们便可窥知，她是一位情思细腻、开朗热情、气节高尚、性格刚毅、洒脱不羁的奇女子。国破家亡之时，她更曾写下“生当作人杰，死亦为鬼雄。至今思项羽，不肯过江东”这样掷地有声的铿锵诗句。但在当时特定历史背景的局限下，作为女性，她不可能金殿对策，也不可能驰骋沙场，只能饮酒填词，将满腔豪情倾注入杯盏，将漫天愁绪纺织成辞藻。

梁启超先生评论《声声慢》时曾说：“那种茕独凄惶的景况，非本人不能领略，所以一字一泪，都是咬着牙根咽下。”“咬着牙根咽下”的除了悲苦，除了愁情，还有不甘不愿。因而，我们在朗读这首词时，固然要悟情入境，以声传情，但万不可将李清照塑造成一个悲戚的小女子形象。如“乍暖还寒时候，最难将息。三杯两盏淡酒，怎敌他、晚来风急”一句，在那片寒冷萧瑟中，词人的世界，一切都失去了色彩，没有了味道，借酒消愁也无济于事。这分明表现出词人极力抗拒却无法抗拒的愁苦和悲哀，要读得悲戚但不可过分。因为在这无法排遣的凄楚和憔悴焦躁的无助中膨胀着浓浓的倔强和不甘，我们仿佛可以看到词人在寻觅无果（寻寻觅觅，冷冷清清，凄凄惨惨戚戚）后踉踉跄跄地扶住门框，一阵凉风无情刮过，词人的乱发凌风飞舞，眼中流露着苦涩却愈见坚毅。尔后她慢慢吟出：“乍暖还寒时候，最难将息。三杯两盏淡酒，怎敌他、晚来风急！”

在“察人”的基础上“入境”便会知道：“最”“淡”“敌”要重读；“急”字要做

咽字处理;“怎敌他/晚来/风急”中第一处停顿可稍微延长,适当留白。这样,自然能够“达情传神”,做到“哀而不伤”。

当然,词人的愁情是慢慢酝酿,逐渐积蓄的,朗诵者的情感也必须不断蕴蓄。如“守着窗儿,独自怎生得黑”一句是个小高潮,该句写出了词人内心空荡,无聊无助无望无奈的孤独寂寞和痛苦煎熬,我们就必须读得哽咽欲哭。“独自”和“黑”应有稍长停顿,并采用重读的方法。“黑”字借助咽字技巧,在仿佛无法言语、不忍言语却又必须言语的状态下吐出。再如“这次第,怎一个愁字了得”这一句当属全词的高潮,更应读得凄厉痛苦、哽咽难言。

李清照的《声声慢》通过极力烘托渲染、层层推进,营造出一种“一重未了一重添”的凄苦氛围,只要我们能“浸心”“察人”,定能“悟情入境”,感受字里行间充盈涨溢的相思之痛、家国之恨,用声音刻画诗词背后的坚毅不屈、痛苦高贵的灵魂,真正做到“达情传神”。只有这样,当我们偶尔回望一下千年前的风雨时,才能看见那个立于秋风黄花中寻寻觅觅的女子,才能在她那浓重深沉的愁情和叹息中感悟些什么,收获些什么。

朗读误区指要

众所周知,成功的诵读,讲究停顿、语速、句调、重音、颤音等朗读技巧,但更重要的是忠于原作的情感和真挚表达。如果不能准确透彻地理解内容,朗诵者势必无法悟情入境,那么,朗读技巧就成了无源之水、无本之木,朗诵也必定无法达情传神。然而,就情感的处理而言,当下许多课文朗读音频范例中还有一些不妥之处,有指正的必要。

误区一:一概而论,一情到底

每一篇文学作品,都有其相应的感情基调,如《雨霖铃》的悲戚,如《记念刘和珍君》的悲愤。但“文似看山不喜平”,我们必须承认:一篇文章之中,作者因思绪的变化,以及描写事物的不同,情感亦会有所变化。因而,朗诵者既要充分考虑“主调”和“主情”,也要深入文本,用心感悟细微之处的差异,切不可从头至尾,一概而论,一情到底。

如徐志摩先生的《再别康桥》,全诗表达了诗人对康河的热爱、眷恋以及再次离别康桥的依依不舍和缕缕惆怅，情感是内敛深沉的。但我以为，整首诗用一个腔调、一种语速从头朗诵到尾的做法值得商榷。

以“软泥上的青荇/油油的在水底招摇/在康河的柔波里/我甘心做一条水草”为例，前两句写出了青荇在水中轻轻摇摆晃动、自由自在的样子，尤其是“油油的”“招摇”这两个词表现了青荇鲜活的生命气息和恣意的生命状态，让人心向往之。我想，诗人看到青荇时一定是欢喜、赞叹、羡慕的。朗读时，舒缓的语速中应夹着一丝轻快的语调。“招摇”二字不仅要拖音，还应运用昂上调，尾音稍上扬。因而，定不能像朗读“轻轻的我走了/正如我轻轻的来”一样清清淡淡，语调柔柔，仅仅读出依恋和不舍。而后两句“在康河的柔波里/我甘心做一条水草”情感就更浓烈了。诗人“甘心”做康河的水草，仅是因为对康河的无限热爱吗？了解一下诗人的生平，我们会发现，他在此次重访康桥之前的几年时间里，无论是与陆小曼的爱情生活，还是积极投身的文学活动，都无一例外地遭受了不同程度的挫折，这使他感受到了生活的痛苦和无奈。此时的诗人定然渴望摆脱尘世羁绊与生活束缚，因而当有着浪漫诗意情怀的他看到青荇恣意的生命状态时，潜意识中的强烈愿望即刻迸发出来：“在康河的柔波里/我甘心做一条水草”。然而现实却是那么难以逃脱，不可支配，因而，在诗人真挚的喜爱和“心甘情愿”下，是含着一丝痛苦和祈求的，怎能一如既往，读得依旧平缓低沉？

再如，安徒生的童话《卖火柴的小女孩》，讲述了一个卖火柴的小女孩又冷又饿，在富人合家欢乐、举杯共庆的新年夜冻死街头的悲惨故事。整篇童话的情感基调是“悲”的，但小女孩划亮火柴后在亮光中“见”到的情景却是温馨美好的。朗读这几段内容时，我们应加快语速，尽量读得轻快，把小女孩的惊喜、感动和急切读出来。当读到火柴熄灭时，再放慢语速，恢复成之前哀伤的语气，突出美好幻想和饥寒交迫的现实生活的鲜明对比，表现出作者对穷苦人民悲惨遭遇的深刻同情和对当时社会的不满，切不可仅着眼于感情基调，便悲悲戚戚一读到底，削弱了作品的感染力。

误区二：只见树木，不见森林

不同的文字承载了不同的内容，表达了不同的情感。我们应该根据具体内容及情感进行相应的朗读处理。正如孟子所说“以意逆志”，设身处地，激昂处还他个激昂，委婉处还他个委婉。但这并不意味着可以将部分内容孤立起来，

“只见树木，不见森林”。

如《在马克思墓前的讲话》一文，既有对马克思的热烈赞颂，又有对其逝世的沉痛悼念。从文体上看，这是一篇悼词，是与马克思有着深厚革命友谊的恩格斯，直面好友墓穴时所发表的讲话，心情肯定是哀痛的，毋庸置疑，这篇文章传达了深切悼念的情感；从语言文字表达的内容看，作者恩格斯大部分笔力却用于评价马克思一生的伟大成就和不朽贡献，情感又似乎集中到了热烈赞颂上。

于是，很多朗诵者陷入了偏执一方的泥淖，将内容和文体割裂开来。有的读得感情似冰，深沉如渊，哀伤不尽，导致沉痛悼念有余，赞颂不足；还有的读得感情如火，激荡如潮，慷慨激昂，导致热烈赞颂的情感足了，悼念的情感却淡了，自然更谈不上沉痛悼念了。

其实，我们朗读时，应兼顾两种情绪。恩格斯发表演讲时面对的是前来参加葬礼的无产阶级和革命群众，演讲应有教育和鼓舞他们的作用，因此，我们朗读时赞颂部分一定要读得响亮，表现出恩格斯对马克思的热情赞颂和无限敬仰。但悼词毕竟不是颂词，可以读得热烈，但不能眉飞色舞；可以读得铿锵，但语调不可过于激昂。朗读时，语速要慢，情感要深沉，可以通过恰切的重音朗读，强调突出马克思的丰功伟绩。如“一生中能有这样两个发现，该是很够了。即使只能作出一个这样的发现，也已经是幸福的了。但是马克思在他所研究的每一个领域，甚至在数学领域，都有独到的发现，这样的领域是很多的，而且其中任何一个领域他都不是浅尝辄止”一段，我们可以通过重读“该”“即使”“只”“一个”“也”等字词，突出马克思的伟大，表现对他的敬佩，而不仅仅凭借语调和语气。当然，每读完一段后，要留足“气口”，酝酿一下沉痛的情感，然后再接着朗读下一段内容。朗读者应始终记住自己是在致悼词。

余光中先生的《听听那冷雨》也是这样。这篇文章通过描写雨声雨景，回忆了作者的生平往事，以寄托作者对故国河山和中华传统文化的向往之情。一个个长长短短的句子，正如淅淅沥沥的雨滴，在人们心头留下了不尽的惆怅和叹惋。尽管文章倒数第二段写到了“雨衣爱恋”的欢快场面，但这只是哀伤回忆的灰暗幕布上的一抹亮色，欢喜是有的，但它的背景音乐始终是一首哀婉的曲子。因而，在朗读这一段时，不可过于轻快，一定要考虑到整篇文章的“主情”，切不可将局部段落孤立起来，割裂处理。

再如，以朱自清先生的《荷塘月色》为例，无论是现实的苦闷带来的哀愁，还是欣赏荷塘月色时的喜悦，情感都是淡淡的。哀愁处流露的是丝丝惆怅、缕缕落寞；喜悦处表现的是意境的清雅、心境的安然。故而，朗读时，切不可大悲大喜，忽悲忽喜。

总之，要想成功诵读，淋漓尽致地表达情感，与听众产生共鸣，朗读者必须深入把握文本，浸心、悟情、入境，先和作者产生共鸣。只要能从文本整体入手，品读细节，恰当地运用朗读技巧，定能做到达情传神。

“秀”出语文的丰盈

语言是存在的家。语文教育不应只指向人的生理需要和社会需要，还应指向人的生命本体，如人性、人心、人格的养育，顺应人的言语本性，释放人的言语天性，指向表现、创造、发展的言语人生、诗意人生。因而，语文学习本质上应是学生生命的体验，是学生在一种存在论意义上去理解生命的内涵，提升生命的意义和价值。为此，我们呼唤“生命形态的语文课堂”，希望学生在阅读文本的过程中与文本主体间的生命相遇、对话，实现生命的沟通和同构。而要想引导学生入情入境，逐渐嗅到语文的芬芳，走上言语的自我实现之路，建构精神家园，在深层次上为言语学习立本，我们就必须先让语文的丰盈“秀”出来。

一、于罕至处寻幽径，于无声处听惊雷

真正优秀的作品犹如一座神秘的古堡、一片茂密的森林、一方浩瀚的星空，而我们享受阅读的过程，便是一段生命的旅行。歌德曾说过：“优秀的作品无论你怎样去探测它，都是探不到底的。”我们若仅是走马观花、蜻蜓点水，或许也能窥其大略，一饱眼福，但终究只是浮光掠影，痕尽波平；只有置身其间，执着思索、用心体悟、寻幽探微，才能寻得宝藏，滋养人生。在这个过程中，教师应该引领学生不断探索，用心品评，尤其是那些人迹罕至的地方，寂然幽静的地方。

《林黛玉进贾府》是高中语文教材的经典篇目，以往教师引导学生分析人物形象时，往往是找到集中描写王熙凤、宝玉、黛玉的相关语言，品评一番或告知

一通便得出了结论。这种做法不能断然否定,但《红楼梦》在写法上的妙处正是“淡淡写来”“淡淡带出”,它的一切韵味、情致、深意几乎全都沉浸在这种淡淡的描述之中,我们不能也不该忽视那些看似平淡、看似无奇的小角落。

如“陪笑”一词,在《林黛玉进贾府》中出现了两次。一次是王熙凤出场时,贾母说:“你只叫他‘凤辣子’就是了。”黛玉却深知外祖母可以开玩笑,自己万不可随便。待众姊妹告诉她“这是琏嫂子”,她便“忙陪笑见礼,以‘嫂’呼之”。而这时,黛玉刚因母亲去世与贾母一起痛哭一场,想必定无半分愉悦。第二次是黛玉去拜见贾政时,王夫人说自己有一个“孽根祸胎”“混世魔王”,让黛玉休要理他,黛玉“陪笑”着应答,先指出母亲常常提到宝玉,以表重视,然后避重就轻地说了对宝玉的印象:“虽极憨顽,说在姊妹情中极好的。”最后又表明自己的态度:“岂得去沾惹之理?”这几句话说得丝丝入扣,定是黛玉小心谨慎地思量之后说出的。此时,黛玉心中又哪有一丝一毫的笑意?这“陪笑”二字用得真是妙极,一“陪”字,流露的皆是她寄人篱下的无奈和悲苦。此时,学生才真正触摸到黛玉那颗孤苦无依的心,体会出她“步步留心,时时在意,不肯轻易多说一句话,多行一步路,惟恐被人耻笑了他去”的辛酸凄楚。只有这样,“平地见奇崛”,学生才会重视并且愿意透过曹雪芹淡淡的笔法,品词析句,用心感受跳跃在生活“毛细血管”中的涟漪般的节奏,才能真正领略《红楼梦》的不尽魅力。

再如《史记(选读)》中《淳于髡》一课,分析传主“谈言微中,亦可以解纷”的讽谏艺术时,学生往往能够想到淳于髡“委婉”的进谏方式和恰切的进谏内容,然而这仅是抓住了皮毛。如果我们能首先遇合文本,引导学生细读、深挖,尝试于无疑处生疑,于罕至处寻幽径,就会有不一样的发现和体验。

以“请救兵” 节中的“何敢”二字为例。当齐威王问他“先生少之乎”时,他巧妙地回答了“何敢”二字,以退为进,让齐威王心理放松了下来,使原本有些紧张的谈话节奏缓和下来。更巧妙的是,淳于髡只说了“何敢”二字,便起到了“引君入瓮”的作用,因为齐威王的精神一放松,疑惑和好奇心便冒头了:“笑岂有说乎?”此时,淳于髡已经完全掌握了谈话的主动权。他因势利导,应问而答,巧妙举例,平和冷静的齐威王“闻弦歌而知雅意”,也就乐于接受建议了。相反,若面对君主的雷霆之威,没有关键的“何敢”二字缓和气氛,而直接讲述禳田者的故事,就显得答非所问。虽是“委婉进谏”,但面对易怒暴戾(由前文可知)的齐威王，进谏肯定不成功。

经过这样一番品读探讨，学生会发现：要想进谏成功，不但进谏方式和进谏内容很重要，揣摩君主的性格、心理，调整谈话节奏，把握进谏时机也很重要。学生在惊叹于淳于髡的语言艺术的同时，也领略了司马迁的微言大义，有了认真钻研、细细揣摩课文的兴趣和愿望。

二、以意逆志入情境，将心比心重体验

捷克教育家夸美纽斯在《大教学论》中写道："一切知识都是从感官开始的。"英国现代著名哲学家、历史学家科林伍德在《艺术原理》中也强调："真正艺术的作品不是看见的，也不是听到的，而是想象中的某种东西。"然而太多时候，我们的学生已经习惯了"挑词筛句"，习惯了"理性分析"和"贴标签"。这种技术性的阅读，仅限于让学生"知道"什么，而非"体悟到"什么，显然无法触及语文根本，更不用说丰盈学生的心灵，建构敞亮的精神世界。这样的"语文"自然干瘪无味，甚至面目可憎。但如果我们能带领学生展开想象，再现情境，入情入境，那么语文的丰盈和美妙便会流溢出来，四散开来。

如《赵氏孤儿》一文，学生通读一遍，即可了解故事梗概，便能自动贴上标签：讲述了程婴、公孙杵臼等人义薄云天的故事。亦能随口喊出口号：这些人舍生取义的精神令人感动，值得学习。然而，学生是真心向这些有气节有操守的英雄学习吗？他们究竟能感受到什么，能得到哪些生命的滋养？

我认为，入情入境方能得其妙处，触动心弦，颐养性情。因而，我们应该引导学生"以意逆志"，将心比心。姑且不说程婴、公孙杵臼偷梁换柱，解救赵氏孤儿这部分情感跌宕、令人扼腕的情节，单说文末赵武"啼泣顿首"四个字，若能展开想象，进入情境，便能使学生受益良多。彼时，程婴以为责任尽至，使命完成，决定杀身"下报赵宣孟与公孙杵臼"，赵武便"啼泣顿首"，坚决请求。我们可以引导学生想象赵武听到消息后"啼"—"泣"—"顿首"的连续动作和当时的情形。他先是失声痛哭，号啕不止，随着时间一点点流逝，啼哭渐渐无力，他双肩耸动，抽泣着流泪。泪眼模糊中，他抬起头乞望着须发尽白的程婴，发现这个不是生父却为他以身涉险、担忧操劳甚至背负半生骂名的老人眼噙泪水仍不改初衷，他伤心绝望悲痛无奈，唯有叩首，不停地叩首，用力地叩首："武愿苦筋骨以

报子至死,而子忍去我死乎!”然而,程婴依然决绝地说:“不可。彼以我为能成事,故先我死。今我不报,是以我事为不成。”于是自杀。我想,学生若能如此真切地“看见”赵武的形象,定能深刻感受到这些年程婴和赵武的深厚情谊,也定能联想到此后程婴在荣华富贵中颐养天年的幸福光景。然而,程婴终究选择了义无反顾地赴死。学生怎能不被程婴义薄云天、杀身成仁的高尚气节所打动?怎能不望着程婴那瘦削却高大的身影陷入沉思,发出喟叹?其实,在体验过程中,学生受到震撼的一刹那,他们的心灵便得到了洗涤和净化,精神的天空也愈加明亮而厚重。

再比如,辛弃疾《水龙吟·登建康赏心亭》中的词句:“落日楼头,断鸿声里,江南游子。把吴钩看了,栏杆拍遍,无人会,登临意。”这七个短句,一气呵成。前三句虽是写景,但无一语不是寓情;后四句则直抒胸臆,此时词人思潮澎湃、心情激动,但他没有直接用语言来渲染,而是选用具有典型意义的动作,淋漓尽致地抒发自己报国无路、壮志难酬的悲愤。为了让学生“入情入境”,我们可以鼓励并引导学生“以意逆志”,设身处地,静静感受,做到“眼前有景,心中有情”,并用语言加以描摹,甚至不妨让学生在表演中体味这些动作深蕴的情感。有了想象,学生如见其人,会看到孤寂站立在广阔苍凉天地间的爱国者的形象;有了想象,学生如临其境,会深刻感受到词人的悲愤和无奈,更会被这种悲壮所打动、所震撼。这便是语文诗性思维的训练,更是一种生命的体验,正所谓“入情入境动心弦,潜移默化修其心”。

三、纵情吟咏兴味长,识人画魂暗香来

叶圣陶先生曾强调,对于“美文”,应重视“美读”:“诵读得法,不但了解作者说些什么,而且与作者心灵通了,无论兴味方面,或受用方面都有莫大的收获。”于漪老师也说过:“把无声的文字变成有声的语言,读出感情,读出气势,如出自己之口,如出自己之心。”的确,成功的诵读,不但能引领学生进入文章的血肉和肌理,读出语言文字的精妙,还能帮助学生“悟情入境”,体会作品意境和作者的情感,甚至看到站立在这些饱蘸情感的文字背后的不朽形象,触摸他们那高贵的灵魂,进而获得独特丰富的生命体验和心灵滋养。“纵情吟咏兴味长,识人画魂暗香来。”当学生能声情并茂地朗读时,文章便有声有色、有滋有味起来。

此时，学生不但“内化”了文章精华，还“外放”了语文的馥郁，在一定范围内建构了语文教学的情感生态和生命意识。

如《垓下之战》一课，学习“乌江自刎”一节时，有学生说：“项羽认为乌江亭长的话不对，很可笑，他觉得八千江东子弟‘无一人还’，自己也没有脸面回去，最终自刎而死，体现了知耻重义的性格特点。”由此可见，对于项羽的性格“标签”，学生贴得很好，但把“项王笑曰”的“笑”字理解为“可笑”便有失妥当了，这显然是没有理解到位，不能深入体会情感的表现。此时，我们不妨引导学生再次朗读，反复朗读，要指导学生自己“读”出来，远比我们条分缕析地“告知”科学得多，高妙得多。“项王笑曰：‘天之亡我，我何渡为！且籍与江东子弟八千人渡江而西，今无一人还。纵江东父兄怜而王我，我何面目见之？纵彼不言，籍独不愧于心乎？’”读着读着，文意有了，情感也有了；读着读着，声音小了，学生们流泪了。这时，哪里还需教师赘言？因为只要能做到以声传情，就定能深刻感受字里行间充盈涨溢的情感，领略立于文字背后的高大形象的精、气、神。在这种满含泪水的阅读中，学生体会出项羽的不甘、悲伤和愧疚，项羽的笑分明充满了英雄末路的苍凉与无奈；学生还看到了伫立在项羽身后的司马迁，看到了他那笔直的脊背，那苍老坚毅的神情，那流露着敬佩和痛苦的双眸；学生亦会感到世事的艰难、责任的沉重，他们就这样在吟咏中感受着，沉思着，收获着，成长着。

再如李清照的《声声慢》，全词无一“泪”字，却满纸呜咽，浸染了词人一生的悲剧故事和种种怨愁，可谓景景含愁、句句悲苦。在学生纵情吟咏时，我们必须对其进行必要的朗读指导，如语速应缓，语调宜低。像“三杯两盏淡酒，怎敌他、晚来风急”一句要读出悲戚、无奈、抗争的感情，要重读“淡”“敌”“晚”“急”四个字；“怎敌他”之后的停顿可稍微延长，“风急”二字可以运用颤音、咽字的技巧来增强感染力；“梧桐更兼细雨，到黄昏、点点滴滴”中“点点滴滴”四个字要缓缓吐出，读得一字一顿、声断气不断，等等。如果我们有示范有指导，并给学生充足的时间纵情吟咏，他们便能体会到李清照心中的痛苦挣扎，亦能深刻感受她内在的气质风华。在一遍遍有感情的诵读中，学生会领悟到那个不能金殿对策，不能驰骋沙场，只能饮酒填词，将满腔豪情倾注于杯盏，将漫天愁绪纺织成辞藻的奇女子，极力抗拒却无法抗拒的愁苦和悲哀，体会出她那无法排遣

的凄楚和无助中浓浓的倔强和不甘；会看到那个度日如年、备受煎熬的词人，在漫漫长夜独自一人寂寥地呆坐在空荡荡的屋子里，听着雨打桐叶的“啪嗒”声，百无聊赖、空虚寂寞、无比压抑、痛苦绝望的情形。经过这番吟咏品味，李清照那满心的酸楚和愁怨便鲜活地注入了学生心田，她沉潜在内的坚毅不屈和痛苦高贵的灵魂更是激荡了学生的心神。

相信，当学生愿意寻幽探微、悟情入境、动情表达时，我们会听到语文之花悄然绽放的声音；当越来越多的学生能遇合文本、深情诵读，整个课堂都充满朗朗的读书声时，语文的芳香早已静静飘溢，弥漫开来。日复一日，这味道愈加香醇凝实、沁人心脾，语文教学的情感生态和生命意识已然建构，学生会看到渐渐清晰的门户和延伸至远方的幽径，生命也因之愈加美丽深邃、充实厚重。

跨越时空的美丽

——重读《为了忘却的记念》

《为了忘却的记念》是鲁迅先生在1933年，即柔石等五位“左联”革命作家被秘密杀害两周年的日子里写的一篇纪念性文章，是“对于前驱者的爱的大纛，也是对于摧残者的憎的丰碑”。这篇文章历来为语文教师所重视，成为讲读课中的重头戏。那么，课文中究竟有什么可以跨越时空成为永恒的美丽？学生又能得到哪些生命的滋养呢？

一、暗夜之光——以天下为己任的意识温暖华夏大地

在风雨如晦的社会里，总有一群人以天下为己任，敢于呐喊，敢于斗争。他们如暗夜之光，照亮了民族的天空，温暖了华夏大地。

鲁迅先生曾在《自嘲》中，用“运交华盖欲何求，未敢翻身已碰头”的诗句形象揭示社会环境之恶劣。在《为了忘却的记念》一文中，他又通过三个典故给我们描绘了纵深的历史长河中常见的图景：向子期及其《思旧赋》告诉我们魏晋南北朝时期，司马氏政权的统治高压严酷，人们没有言论自由；《说岳全传》中高僧坐化的故事告诉我们宋代奸臣当道，滥杀无辜，“坐化”是“奴隶所幻想的脱离苦海的唯一的好方法”；台州方孝孺被灭十族，则向我们展示了明朝统治者唯我独

尊、嗜杀成性、残暴至极的血腥性格。这些典故在影射国民党统治的同时，也阐释了一个残酷事实：在历史的滔滔长河里，翻腾着被压迫者的累累尸骨，流淌着被压迫者的淋淋鲜血。

对于当时的社会现状，鲁迅先生有更为直接的描写："在这三十年中，却使我目睹许多青年的血，层层淤积起来，将我埋得不能呼吸。"鲜血层层淤积，这是怎样的屠戮！"当时上海的报章都不敢载这件事，或者也许是不愿，或不屑载这件事，只在《文艺新闻》上有一点隐约其词的文章。"有认为小事一桩、不值一提的；有事不关己高高挂起、不愿介入政治斗争的；有心中悲愤却无胆抗议的。即使是进步组织"左联"领导的《文艺新闻》也只是隐约其词地提及。高压之严酷、环境之恶劣可见一斑。这是怎样的社会，怎样的黑暗！

终于，"黑暗弥天"之时，"人心惟危"之际，有星星点点的光亮试图刺穿黑暗，唤醒人心。鲁迅先生笔下的五位青年作家身上展现出可贵的人性之美、生命之美，他们是"中国很好的青年"，是中国的希望。而鲁迅先生本人，更是一座永不熄灭的灯塔，在层层包裹的黑暗中挣扎、突围、闪烁。他呕心沥血，疾声呐喊，燃烧生命以照亮勇士前行的道路。

学者崔卫平曾说："你所站立的那个地方，正是你的中国。你怎么样，中国便怎么样。你是什么，中国便是什么。你有光明，中国便不黑暗。"我想，正是这些暗夜之光，正是这种以天下为己任的爱国意识温暖了动荡不安的华夏大地，跨越时空，成为永恒的美丽。

二、柔石其人——为国为民的精神擎起民族的希望

"柔石"，一个刚柔相济的名字，一个耿直忠厚的青年。五位遇难烈士中，柔石和鲁迅先生关系最为亲密，最得先生喜爱和器重，是他"一个惟一的不但敢于随便谈笑，而且还敢于托他办点私事的人"。

鲁迅先生说柔石有"台州式的硬气"，"而且颇有点迂"，又说他"无论从旧道德，从新道德，只要是损己利人的，他就挑选上，自己背起来"。这是对柔石精神的高度评价。

我想，正因为他"硬气"，所以他埋头苦干，不怕困难，勇往直前，"他躲在寓里弄文学，也创作，也翻译"。他设立了朝华社，"接着就印《朝花旬刊》，印《近

代世界短篇小说集》,印《艺苑朝华》”。当他决定转换作品的内容和形式时,只是简洁地说:“只要学起来!”正因为他“迂”,所以他相信人、关心人:“我有时谈到人会怎样的骗人,怎样的卖友,怎样的吮血,他就前额亮晶晶的,惊疑地圆睁了近视的眼睛,抗议道,‘会这样的么?——不至于此罢?……’”当朝华社不久就倒闭了,“他对于我那‘人心惟危’说的怀疑减少了,有时也叹息道:‘真会这样的么?……’但是,他仍然相信人们是好的”。和鲁迅先生同行时,他自己“近视而又要照顾别人”,“简直是扶住我”。这些深沉蕴藉的文字,让我们看到了柔石的硬气、善良、单纯、真诚、热心……这在当时那个人心险恶、人情冷漠的社会,不啻一缕清新的空气,一股清澈的泉水,涤荡着弥漫的恶臭和污浊。

其实,柔石的“美丽”不仅仅来自对人真诚,还源于对国赤诚。文中有柔石遇难后,鲁迅先生的回忆:

我记得柔石在年底曾回故乡,住了好些时,到上海后很受朋友的责备。他悲愤地对我说,他的母亲双眼已经失明了,要他多住几天,他怎么能够就走呢?我知道这失明的母亲的眷眷的心,柔石的拳拳的心。当《北斗》创刊时,我就想写一点关于柔石的文章,然而不能够,只得选了一幅珂勒惠支(Kathe Kollwitz)夫人的木刻,名曰《牺牲》,是一个母亲悲哀地献出她的儿子去的,算是只有我一个人心里知道的柔石的记念。

从柔石应了母亲的要求多住几天,从柔石对鲁迅诉说时的悲愤,我们知道,柔石是个孝顺的青年,对年迈失明的母亲有眷恋亦有愧疚。然而,这样一个善良孝顺的柔石还是回到了上海,继续他的事业,为他的民族和国家奋斗,这是怎样的赤诚之心!柔石的好友曾深情回忆:“这位《旧时代之死》的作者的音容笑貌, 直活在我的心里,那天然的卷曲的头发,那躲在细边眼镜后边的近视眼,那微驼的背,那浓重的乡音……他的生与死,我一直默默地咀嚼着,嚼出火,嚼出光,有时也嚼出一点悲凉。”

鲁迅先生选的木刻名为“牺牲”,其意不言自明。母亲献出儿子,是将儿子献给了国家。母亲悲哀地献出自己的儿子,是多么不舍、多么无奈、多么悲壮。柔石和他的母亲都为国家和民族做出了不可估量的奉献和牺牲。而他们仅是五位青年作家乃至其他革命者及家庭的代表。正是这群人用自己瘦弱的身躯,用并不宽阔的肩膀,用并不粗壮的双臂毅然撑起了整个民族的天空,让泱泱华夏升腾起新的希望。正是他们那对人真诚、对国赤诚的精神跨越了时空，成为永恒的美丽。

三、鲁迅其情——忧国忧民的情怀光耀精神的天空

鲁迅先生曾在《记念刘和珍君》中写道："然而造化又常常为庸人设计，以时间的流驶，来洗涤旧迹，仅使留下淡红的血色和微漠的悲哀。""离三月十八日也已有两星期，忘却的救主快要降临了罢。"这些文字告诉我们：时间是洗刷记忆、治疗伤痛的药剂。然而，柔石等五位青年作家遇难整整两年了，时光之水终是没能洗去鲁迅先生的记忆和情感。"延口残喘"在那黑暗的世界，鲁迅先生是痛苦的、悲愤的。那刻入骨血的爱国热忱和沉郁心底的忧国意识，让他始终痛苦地清醒着，让他继续拿起笔执着战斗。

尽管鲁迅先生在文中说"我不是高僧，没有涅槃的自由，却还有生之留恋，我于是就逃走"，尽管柔石等被捕第四天，他就避居到一家日本人开的寓所中，但他仍然一面照常工作，一面等待案件的发展，没有动摇亦没有畏惧。"左联"的同志回忆说："看他那样照常做他预定的工作和照常外出的情形，就好像一个船夫驶着自己的船在大风暴的海中奋斗，当他知道了他伙伴的船只在后面遇险时，既然无法回头相助，也就只有继续向前和惊涛骇浪奋斗到底。"柔石等人被杀害的消息证实后，鲁迅内心充满了愤怒和悲哀，他常常一声不响，长久沉默……

鲁迅先生是个清醒睿智的战士，勇敢无畏的战士，沉痛前行的战士。他一声不响、长久沉默正是因为看到朋友、同志的鲜血，无比哀痛，出离愤怒了。在这现实的黑夜中，鲁迅无疑是当时最痛苦的灵魂。为了扛起黑暗的闸门，他直指制度的最朽处、灵魂的最暗处。

两年之后，尽管在中国仍"无写处"，尽管仍"禁锢得比罐头还严密"，鲁迅先生尽管婉曲地将文章命名为"为了忘却的记念"，说要将他们忘却了。然而，先生终究是先生，他敢于在绝望中反抗绝望，于无路之地开辟道路。正如毛泽东评价的那样："鲁迅的骨头是最硬的，他没有丝毫的奴颜和媚骨，这是殖民地半殖民地人民最可宝贵的性格。鲁迅是在文化战线上，代表全民族的大多数，向着敌人冲锋陷阵的最正确、最勇敢、最坚决、最忠实、最热忱的空前的民族英

雄。”于是，鲁迅先生精心挑选典故进行影射，还借柔石之口告诉民众，自己眼中“体质是弱的”的冯铿女士，经过狱中折磨，面目已经浮肿；他更是万分沉痛地写柔石身中十弹，强烈控诉、抨击国民党反动政府的残忍暴虐，甚至在文章中附了一首小诗，一首显示了他大无畏的战斗精神的诗：

惯于长夜过春时，挈妇将雏鬓有丝。
梦里依稀慈母泪，城头变幻大王旗。
忍看朋辈成新鬼，怒向刀丛觅小诗。
吟罢低眉无写处，月光如水照缁衣。

鲁迅先生面对“刀丛”，毫无惧意，愤怒着，呐喊着，决绝地向国民党反动政府宣战。他没有扛过枪，不曾在战场上拼杀、浴血，但是，鲁迅先生以笔为枪、以笔为炮，胜似千军万马。他耗尽心力，唤醒麻木的国民，号召有血性的同志，与敌人战斗到底。

“横眉冷对千夫指，俯首甘为孺子牛。”面对无边的黑暗和虚无的希望，他活得睿智，活得悲壮，活得让整个民族为之肃立。有人说，鲁迅先生摇旗呐喊，是在为中国招魂；更有人说，鲁迅先生就是我们的“民族魂”。正是他这种忧国忧民的情怀点亮了民族精神的天空，如荒野孤灯，跨越时空，成为一种永恒的美丽。

鲁迅先生说过：“文艺是引导国民精神前行的灯火。”我想，不论是风雨如磐的过去，和平发展的现在，还是不可预知的未来，先生的作品都值得我们细细品读，用心体味。重读《为了忘却的记念》，仿佛又看到了那个满心炽热、戳破社会毒瘤、刺痛国民灵魂的鲁迅先生，又看到了那些身上闪现着人性光辉和责任意识的“中国很好的青年”。笔者不禁想起了作家叶延滨的文字：“我不会怕冷，却会怕这荒野没有一盏唤我归去的灯……”

阅读教学为写作教学“张本”

内容摘要：本文从两大方面阐述了借助阅读教学培养学生写作意识和写作思维的有效方法。一是，“心中常怀读者意，化简为繁总关情”，引导学生学会“简单事情具体说”“整体事物分开说”“深沉情感细细说”；二是，“‘据意出象’

三两笔，未成曲调先有情”，从“抽象话题具体谈”“朦胧之情诗意谈”“难言之感绕着谈”三个角度阐明“据意出象”的具体方法。

关键词：阅读教学　写作思维　读者意识　据意出象

在阅读教学中，老师们都很注重引导学生去品评语言，进入情境，从而体会作者这样写的妙处。如果写作教学能以阅读教学为基础，反其道而行之，引导学生思考文章实质，总结写作共性，明确作者为什么要这样写，进而在日常阅读教学中渗透写作技法的学习，注重培养学生的感悟能力和写作思维，作文教学会收到事半功倍的效果。

一、心中常怀读者意，化简为繁总关情

针对写作中学生常常自话自说，不顾效果的现象，我们可以借助有效阅读让学生明白：并非作者经历的，读者就一定能感同身受；也并非作者明白的，读者就一定了然于胸。要让学生意识到：万不可认为把事件交代了，也把观点摆出来了，就无话可说或万事大吉了。然后以此为契机，培养学生的“读者意识”，训练其写作思维，让他们养成站在“读者”角度来写作文的习惯。

简单事情具体说，整体事物分开说，深沉情感细细说，是变“概述”为“详写”，使文章内容充实、情感充盈、语言丰富的好方法。

1. 简单事情具体说

有些事情的始末、特征等都简单明了，为了增强文章感染力，让读者感同身受或身临其境，我们可以对其进行具体描摹。以鲁迅先生的《记念刘和珍君》为例：

我没有亲见；听说，她，刘和珍君，那时是欣然前往的。自然，请愿而已，稍有人心者，谁也不会料到有这样的罗网。<u>但竟在执政府前中弹了，从背部入，斜穿心肺，已是致命的创伤，只是没有便死。同去的张静淑君想扶起她，中了四弹，其一是手枪，立仆；同去的杨德群君又想去扶起她，也被击，弹从左肩入，穿胸偏右出，也立仆。但她还能坐起来，一个兵在她头部及胸部猛击两棍，于是死掉了。</u>

这段文字旨在交代刘和珍君等爱国青年不幸遇害之事。事件本身并不复

杂，但作者却对刘和珍等人的遇难情形、中弹情况，进行了细致清楚的交代。刘和珍受的是“致命”的枪伤，但反动派仍不放过这个奄奄一息的女子，决绝地枪杀了想去扶起她的张静淑和杨德群，又残忍地在其脆弱的“头部”“胸部”两处要害，“猛”击两棍，看其的确“死透了”方才罢休。而张静淑一个柔弱的姑娘居然被击中了四弹，鲁迅先生还强调“其一是手枪”。“手枪”一词告诉我们：张静淑中弹不仅是“弹雨”密集、无法躲避那么简单，更是因为有较之普通士兵职位更高的人在不远处注视着刘和珍这几个女子，她们的死不是偶然的，是有预谋的。

为达到阅读教学为写作教学张本的目的，我们可以引导学生思考整体文意和画线内容的关系，让学生意识到：正因有了画线部分的“详写”，才使得整段文字内容更充实，从而深刻揭露了段祺瑞执政府的残暴阴狠，亦强烈表达了鲁迅先生的挞伐之意、愤恨之情。继而，让学生明白，“概述”变“详写”，能让读者如临其境、如见其人、如闻其声。

2. 整体事物分开说

有了既定的写作对象，如何才能写得充实细致、生动形象呢？我们可以引导学生借鉴《荷塘月色》中朱自清先生描写“荷塘景致图”的手法：

曲曲折折的荷塘上面，弥望的是田田的叶子。叶子出水很高，像亭亭的舞女的裙。层层的叶子中间，零星地点缀着些白花，有袅娜地开着的，有羞涩地打着朵儿的；正如一粒粒的明珠，又如碧天里的星星，又如刚出浴的美人。微风过处，送来缕缕清香，仿佛远处高楼上渺茫的歌声似的。这时候叶子与花也有一丝的颤动，像闪电般，霎时传过荷塘的那边去了。叶子本是肩并肩密密地挨着，这便宛然有了一道凝碧的波痕。叶子底下是脉脉的流水，遮住了，不能见一些颜色；而叶子却更见风致了。

这段文字堪称“写景抒情巅峰之作上的明珠”，值得学习揣摩的地方很多。我以为除了无出其右的修辞运用，我们还应让学生学会“整体事物分开说”的方法。“荷塘”是处景观，是“整体事物”，朱自清先生“化整为零”，从荷花、荷叶、荷香、荷波、荷韵等几个角度不厌其详地渲染荷塘之宁静美妙，文字摇曳，引人入胜。

赏析文本之前，我们可以先让学生思考：“如果让你写一段有关‘荷塘’的文字，你准备怎么写？”然后，在赏析文本的过程中进行写法上的比较，感悟优劣，分析原因，从而使学生明白："整体事物分开说"不但有话可说，言之有物，还能使描写对象得到多角度多方位的展示，更加生动形象，尽显韵致。当然，学过文本后，应引导学生选择一个熟悉的地方（如学校的凉亭、生态园等）进行片段描写，切实掌握"整体事物分开说"的方法。

3. 深沉情感细细说

我们常说，真正打动人的语言不是那些大声呼喊甚至夸张变形的东西，而是如泉水般缓缓流淌，静静渗润的心灵密语。那么，我们该如何引导学生表达深沉细腻的情感呢？恩格斯在《在马克思墓前的讲话》中这样陈述伟大导师马克思的逝世：

3 月 14 日下午两点三刻，当代最伟大的思想家停止思想了。让他一个人留在房里还不到两分钟，当我们进去的时候，便发现他在安乐椅上安静地睡着了——但已经永远地睡着了。

这段文字的主要内容完全可用第一句概述语来表达，第二句话似乎仅是对"停止思想"的具体阐释，在传达语义信息上可有可无。但让学生反复朗读、有感情地朗读之后，学生便会发现，这段文字正因有了第二句的"补充"，有了这种表面平静暗流汹涌的细细诉说，才生动传神地表达了恩格斯对马克思逝世的深沉哀痛和无限惋惜。我们甚至可以想象他压抑着悲痛说出"还不到两分钟"这几个词时那种面容悲戚、神色黯然的样子，亦可以想象他极不情愿却又不得不陈述出"已经永远睡着了"这一事实时的痛心、惋惜与无奈。

有了这种感知，学生自会体悟到"深沉情感细细说"的效果和妙用，也就明白了概述的事件和情感很难动人心弦，只有"变粗为细"娓娓道来，才能触动读者内心最柔软的所在。

二、"据意出象"三两笔，未成曲调先有情

学生作文往往存在枯燥、干瘪、空洞和乏味的问题，我们不妨借助阅读教学中对内容情感的分析来改变学生的写作意识和写作思维。阅读教学中我们常让学生找出文本中的"象"（人、事、物等），并思考其特点和意蕴，进而把握内容，体味情感。写作教学中完全可以逆向运用此方法——"据意出象"，进行写作思维的训练。

所谓“据意出象”即先确定一个中心观点，让学生思考哪些事例或物象适用，然后从中挑选最典型、最有诗意、最能表现情感的若干“象”并组织成文。只要学生关注“意”（观点）和“象”（材料）的关联，学会揣摩、赏析那些意蕴丰富，极具表现力的文段，有“据意出象”的写作意识，再辅之以针对性的片段写作练习，学生的发散性思维就能得到有效训练，联想和想象的能力会逐渐提高，久而久之就能写出开合有度的文段。

引导学生“据意出象”，我们可以从三个角度入手：抽象话题具体谈、朦胧之情诗意谈、难言之感绕着谈。

1. 抽象话题具体谈

“抽象话题具体谈”是指通过具体事件来表现抽象情感的方法。贾平凹先生在《我不是个好儿子》中，阐发“母爱”这一抽象话题时就借助了一个个典型镜头，让读者在这些具体可感的细节中情不自禁地泪流满面。

每年院里的梅李熟了，总摘一些留给我，托人往城里带，没人进城，她一直给我留着，“平爱吃酸果子”，她这话要唠叨好长时间。梅李就留到彻底腐烂了才肯倒去。

我们可以想象出母亲一遍一遍唠叨“平爱吃酸果子”的情景，声音由大到小，音调由高到低，语速由快到慢，心情由迫切到焦急到无奈，神情也愈发落寞忧伤。在这个喃喃自语的镜头中，我们看到了一位朴实、爱子的母亲形象。母亲对儿子的思念、记挂以及儿子对母亲的愧疚之情，也在这一遍又一遍的唠叨中弥漫开来。若学生能学会这种借助细节表达细腻情感的方法，定能写出极具感染力的作文。

2. 朦胧之情诗意谈

“朦胧之情诗意谈”是指通过富有诗意的事物和充满灵性的语言来表现抽象唯美的情感。如北国之秋的“静”是充满韵致的，甚至是缥缈难寻的，究竟如何描写才能做到原汁原味、生动传神呢？郁达夫先生在散文《故都的秋》中给我们做出了“诗意谈”的典范：

像花而又不是花的那一种落蕊，早晨起来，会铺得满地。脚踏上去，声音也没有，气味也没有，只能感出一点点极微细极柔软的触觉。扫街的在树影下一阵扫后，灰土上留下来的一条条扫帚的丝纹，看起来既觉得细腻，又觉得清闲，潜意识下并且还觉得有点儿落寞，古人所说的梧桐一叶而天下知秋的遥想，大约也就在这些深沉的地方。

郁达夫描写“北国秋静图”时，没有进行干瘪的说明，亦没有机械的对比和反衬，而是采用了“立象”的方法，依凭一个普通文化人士的眼光选取了北国槐树柔软的落蕊、细腻的丝纹等诗意物象来诠释“静”的意境，展示自己在观景赏景时细腻独特的感触。整段文字忧郁而优美，生动形象，意味深长。

3. 难言之感绕着谈

“难言之感绕着谈”是指描写或议论那些说不清、道不明的情愫与感受时，可以采用“避实击虚”的方法，通过打比方、举例子等方法侧面表现，烘托主体。《听听那冷雨》中描摹雨声的文字便体现了“绕着谈”的妙处：

雨来了，最轻的敲打乐敲打这城市，苍茫的屋顶，远远近近，一张张敲过去，古老的琴，那细细密密的节奏，单调里自有一种柔婉与亲切，滴滴点点滴滴，似幻似真，若孩时在摇篮里，一曲耳熟的童谣摇摇欲睡，母亲吟哦鼻音与喉音。或是在江南的泽国水乡，一大筐绿油油的桑叶被啮于千百头蚕，细细琐琐屑屑，口器与口器咀咀嚼嚼。

听雨的感受人人不同，可意会，难言传。对此，余光中先生进行了艺术性的传达。他没有直接说雨声如何，而是选取若干“象”——柔婉的古琴声，亲切的摇篮曲和细密的咀嚼声，通过声音和感受的类比，形象地描摹出雨声轻、柔、细的特点和瓦屋听雨的感受，让我们如闻其声，如临其境，体会出字里行间流溢着的对雨的爱恋和渴望，不可谓不高妙。

如果学生有了变“抽象”为“具象”的写作意识，形成了“据意出象”的写作思维，碰到抽象的、朦胧的、难言的内容，就能够巧妙地通过富有诗意的形象“渗透”主题，笔端定能“开出花来”。

综上所述，阅读教学可以为写作教学张本，只要我们用好“教材”这个“例子”，有意识地指导学生梳理课文语言，让他们有法可依，有文可仿，并不断培养其感悟能力和写作思维，作文教学会呈现出“喧啾百鸟群，忽见孤凤凰”的美好前景。

学会论证，以理服人

优秀的议论文，一定是具有强大说服力的文章，而当今高中生缺乏论证意识和论证技巧，写作中常常出现“事例 + 观点 = 论证”的现象。指导学生形成明确清晰的论证意识，运用科学适当的论证技巧已成为当务之急。

一、借助生活场景，强化“论证意识”

所谓“温故而知新”，人们总是更容易从已有认知与经验中汲取新的认识和方法。教师可以借助生活场景引发学生思考，强化论证意识。为有效强化“论证”的作用，教师可以设定一个场景，统一引入论证方式的展示，强调“论据已定”的情况下，“论证”的重要性。

下面这个“小朋友‘互诉衷肠’”的生活场景，充满童真童趣，真实常见，能够轻松唤起学生相关的生活体验，容易激发学习兴趣，营造良好的教学生态，从而有助于对论证方式的认可、接受和学习。

甲：妈妈给了我一个苹果。你说口渴，我就让给你吃了。我对你多好！

乙：我妈妈给我五个枣，我还给了你一个呢。我对你也很好！

甲：你有五个枣才给我一个，我可是把仅有的一个苹果给你了。我对你更好！（对比论证）

乙：我的枣可是进口的，就五个了。就算我妈妈要，我都舍不得！我可是眼睛都没眨一下就给你吃了，我对你够好了吧！（假设论证）

甲：但是，但是我好久没吃苹果了，别提多想吃了。就因为你口渴，就因为你是我的好朋友，我宁肯自己咽唾沫，也要给你吃，难道我对你还不够好吗?!（因果论证）

乙：……

引入这样的生活场景，学生会哈哈大笑：好稚气的语言，好可爱的孩子。他们一定也会十分好奇：最后究竟谁说服了谁呢？教师要趁机引导学生，让他们意识到：论据已定的情况下，谁的论证更有力，谁的观点就更有说服性，谁就是最后的赢家。小儿论辩是这样，议论文写作也是这样。若要写得成功，必须论得精彩。教师还可以进一步引导，让学生意识到：要想证明自己的观点，有效说

服他人，简单的“事例+结论”是远远不够的。上文小儿论辩中用到的“对比论证”“假设论证”“因果论证”是议论文写作中行之有效的三种论证方式，能帮助我们说得准确严密，论得精彩透彻。

二、进行策略评讲，训练“读者思维”

（一）确定教学内容

1. 确定话题：“俯下身子”

【话题是跟随教学进度而定的，学生不会感到突兀】

2. 确定论据：“李冰修建都江堰”的事例

【此例涉及高一讲读课文《都江堰》的相关内容，学生十分熟悉，有助于尽快进入重点环节的学习】

3. 确定策略：点评学生习作，教师示范修改，最后指导学生自我修改

【点评习作，明确其优缺点是提高写作能力的基础，学会修改润色才是关键。教师示范修改的过程就是训练学生写作思维的过程，引导学生站在读者的角度进行写作练习，表达观点时要充分考虑读者对此论证的接受情况，这也是指导学生学习习作修改的重要过程】

（二）教学镜头撷取

1. 学生初稿展示

都江堰的缔造者李冰，没有君主的无上恩宠，也没有滔天的权势，可就是他，修建了浩大的水利工程，令山川为之易行，默默地为一方百姓造福。李冰用他俯下的身子，赢得了在百姓心目中顶天立地的形象，他将永远被人们铭记。

2. 师生评议该文优缺点

叙事简洁，叙议分开。但仅有“事例简述+中心观点”，论证不充分，说服力不强。

【展示学生初稿，知其长短，营造“饥渴效应”，形成学习期待】

3. 教师示范修改，展示改稿并向学生讲解三种论证方式的运用和作用

【展示教师修改稿，朗读感知，晓其优点，激发浓厚的学习兴趣。再引导学生理性分析，思考总结各种论证方式的特点，符合学生的心理期待和认知规律】

(1)对比论证

都江堰的缔造者李冰,没有君主的无上恩宠,也没有滔天的权势,可就是他,修建了浩大的水利工程,令山川为之易行,默默地为一方百姓造福。与李冰的俯下身子,求真务实,造福百姓相比,许多所谓“朝廷重臣”却恰恰相反,他们高高在上,坐而论道,甚至蝇营狗苟,忙于党争。虽然也曾烜赫一时,但很快便被湮没在历史的尘堆中,随风而逝。这难道还不足以发人深省吗?只有俯下身子,贴近苍生,脚踏实地做事情才能赢得真正的尊重和敬仰,被人们永远铭记!

(以“与……相比”为过渡语,再引出一个例子,形成正反对比,论据丰富,论证有力)

(2)假设论证

都江堰的缔造者李冰,没有君主的无上恩宠,也没有滔天的权势,可就是他,修建了浩大的水利工程,令山川为之易行,默默地为一方百姓造福。试想,假如李冰没有心怀天下苍生的高尚情怀和求真务实、俯身前行的实干精神,怎会有泽被后世的水利工程——都江堰的建成?假如李冰没有切实为百姓创造福祉,百姓怎会感恩戴德,尊他为神?又怎会有那始终站立在都江堰上的不朽的“守护”雕像?假如李冰也像那些高高在上,为了一己私利在朝堂上钩心斗角的官员一样,怎会有那令后人感佩不已的“冰清玉洁”的政治纲领和直至今日仍被人们念念不忘,高声传颂的李冰形象?李冰正是用他俯下的身子,用他贴近苍生的精神与行为赢得了在百姓心目中顶天立地的形象,获得了堪比神灵的地位。

(以“假如……”为过渡语,引起读者思考,想象不这样做的后果,从而突出中心论点,再辅之以排比句式的运用,增强气势,说服力强)

(3)因果论证

都江堰的缔造者李冰,没有君主的无上恩宠,也没有滔天的权势,可就是他,修建了浩大的水利工程,令山川为之易行,默默地为一方百姓造福。正是因为李冰能心怀苍生,俯下身子,求真务实,没有顶着乌纱帽高高在上,坐而论道,才有了泽被后世的水利工程——都江堰的建成,才有了直至今日仍被人们念念不忘,高声传颂的李冰形象。李冰正是用他俯下的身子,用他贴近苍生的精神与行为换来了他在百姓心目中顶天立地的形象,获得了堪比神灵的地位。

(以“正是因为……”为过渡语,揭示李冰为人们传颂的深层原因,使论证深

刻，更具说服力）

4.学生自改本次习作，组内交流展示

【体现了写作教学的实践性。“纸上得来终觉浅，绝知此事要躬行”，只有让学生亲自动笔写一写，试一试，他们才能更好地领悟并运用三种论证方法。心理学研究表明，任何人都有被认可、被尊重、被欣赏的需求，组内交流展示给了学生这样的机会，有利于调动其写作积极性】

三、及时迁移深化，提高论证能力

老师展示一段以“磨难成就人生”为主题的议论文字，学生从对比论证、假设论证、因果论证中任选一种或综合运用其中两种，对原稿进行修改。

【选题熟悉，难度不大，学生易于接受；任选论证方式，不指定，不强迫，学生乐于接受。写作内容和要求均有助于学生良好写作心态的建设，为开展有效训练奠定基础。此种情况下，再引导学生深入文字，细致分析、有效论证，则事半功倍】

原稿展示：

磨难成就人生。莫扎特一生坎坷，处处碰壁，却能在这样的磨难中创造出不朽的古典主义乐曲，抚慰人的心灵；孙膑腿遭膑刑，面受墨刑，却能在不公的命运和残酷的现实面前写就《孙膑兵法》，名扬万世；一代体操王子李宁泪洒汉城（今首尔）后黯然退出体坛，却又另辟天地，让“李宁”运动品牌的商品风靡中国的体育用品市场。磨难，能带领人冲破黑暗，绽放光彩。

缺陷分析：人物遭受的磨难与其取得的辉煌成就并无必然的逻辑关系。莫扎特不碰壁就创造不出不朽的乐曲吗？孙膑不遭迫害就写不出《孙膑兵法》吗？可见，论证不严密，不充分，不透彻。

修改稿展示：（仅以“因果论证”为例）

（一）磨难成就人生。正是因为人们不屈服，不放弃，在坎坷磨难中砥砺内心，锤炼了更坚强的意志，矢志不渝地追求梦想，才最终获得成功。莫扎特一生坎坷，处处碰壁，却能在这样的磨难中创造出不朽的古典主义乐曲，抚慰人的心灵；孙膑腿遭膑刑，面受墨刑，却能在不公的命运和残酷的现实面前写就《孙膑兵法》，名扬万世；一代体操王子李宁泪洒汉城后黯然退出体坛，却又另辟天地，

让“李宁”运动品牌的商品风靡中国的体育用品市场。磨难,能带领人冲破黑暗,绽放光彩。

(揭示出磨难成就人生的具体原因,使得“磨难成就人生”这一命题在这个角度上得以成立,论证合理)

(二)有时候,磨难恰恰能够历练人生,成就人生。莫扎特一生坎坷,处处碰壁,却能在这样的磨难中创造出不朽的古典主义乐曲,抚慰人的心灵,那是因为他不屈从生活的打压,顽强地咽下辛酸苦楚,在磨难中不断砥砺着内心;孙膑腿遭膑刑,面受墨刑,却能在不公的命运和残酷的现实面前写就《孙膑兵法》,名扬万世,那是因为不幸的遭遇更坚定了他如山的信念和刚毅如铁的意志,使他于坎坷磨难中坚持自己的志向,奋力突围;一代体操王子李宁泪洒汉城黯然退出体坛后,却又另辟天地开创了自己的事业,让“李宁”运动品牌的商品风靡中国的体育用品市场,那是因为痛苦的失败让他懂得了承受,学会了抗争,选择了在失败中开拓出一条新路。磨难,是祸,又是福。它对于意志坚强者,不过是人生路上的一帘风雨,不过是一块更加厚重的磨刀石,只要勇敢地闯过去,前方就是另一片蓝天。

(同样是因果论证,但原因揭示得更具体更细致,分析有理。最后对“磨难”的阐释也鲜明地强化了中心论点,论证充分)

四、实践设想与反思

写作水平的提高不是一蹴而就的。古人写文章提倡先写“规范文”,再写“放胆文”。教师进行作文教学时,若能每次抓住学生作文最突出的一点问题展开教学,有示范、有讲解、有训练,久而久之,学生便能学会规范写作并进行有效修改,不断提高写作能力,最终创作出成功的“放胆文”。此课例就是针对学生“论证苍白无力”这一问题进行的有效的教学尝试。

我认为,学生习作中屡次出现“事例+结论=事实论证”这一现象,主要原因有二:一是学生缺乏论证意识,没有形成“读者思维”;二是学生不知论证技巧,没有掌握具体的论证方法。

就第一点而言,学生没有充分意识到论证的重要性,甚至不知何为论证,他们想当然地以为自己把恰当的事例“摆”上,把点题的结论“拉”上,就能说明道理，说服读者了。他们缺乏“换位思考”的意识，不能站到读者的角度看待写作。要知道，并非作者明白，读者就一定理解。写作者应该把自己的思维过程有重点、有逻辑地展现出来，让读者亦有同感，甚至产生共鸣，这样才能感染人，说服人，打动人。这节课的生活片段“两小儿论辩”部分意在强化学生的“论证意识”；“学生习作初稿评议”部分，就意在训练学生的“读者思维”。

就第二点来说，很多学生也希望能论说得充分些，但遗憾的是他们尚处于“可意会不可言传”的尴尬境地。这恰恰是不知论证技巧，没有掌握论证方法的表现。这节课中着重讲解和运用的三种论证方法——“对比论证”“假设论证”和“因果论证”，是议论文写作中行之有效的三种论证方法。其中，“对比论证”能丰富材料，突出中心；“假设论证”能引人思考，强化中心；“因果论证”则使论证准确深刻，更富逻辑力量。这节课不仅告诉了学生哪些论证方法适用，还通过教师的“下水示范”“授之以渔”，让他们在深刻感受论证魅力的同时，自主赏析文段，动手修改习作，切实“操练”起来。

整个教学设计，从强化论证意识入手，重点训练学生的“读者思维”，引导其学习三种有效论证方法，最后进行迁移训练，切实提高学生的论证能力。三个环节环环相扣，逐层推进，保证了良好的教学效果。这是一个实践意义较大，可操作性很强的课例。当然，学生要形成长期稳定的写作能力，还需不断的训练和积累。

推开心灵之窗，让生活扑面而来

刘勰在《文心雕龙》中提到“情以物迁，辞以情发”。没有对生活的细致观察和深入体悟，是写不出好文章的。我们期盼写作能成为学生的一种生命需求，期盼日常的作文课堂也呈现出生命形态。

一、阅读教学重“体验”，孕养真情挚意

叶圣陶先生说：“心有所思，情有所感，而后有所撰作。”当下，我们不能简单地说学生没有“生活”，没有真情实感，但是，对于相当一部分学生来说，他们疏于思考、懒于体悟，所谓的“真情实感”的确太淡薄了。因此，教师首先必须帮助

学生孕养真情挚意。而阅读教学是激发、培养学生细腻情感、诗性思维，构建其情感世界和精神世界的非常好的途径。学生若能入情入境，学会品味细节，便能得其妙处，触动心弦，最起码能具备感知生活的基本能力，不会沦为“无心麻木族”。

以《赵氏孤儿》为例，除了高潮部分，文中值得揣摩的细节还有很多。单是文末“啼泣顿首”四个字就意蕴颇丰。彼时，程婴以为责任已尽，使命完成，决定自杀“下报赵宣孟与公孙杵臼”，赵武便“啼泣顿首”，坚决请求。

此处，可以设计一个体验活动：我们准备拍摄《赵氏孤儿》的电影，如果你是导演，在“啼泣顿首”这个场景设计中，你准备拍摄什么内容？如何指导演员表演？经过这样的情景设计和引导，学生很容易“以意逆志”，想象赵武听到消息后“啼”—“泣”—“顿首”的连续动作和当时的情形。有学生说，赵武先是失声痛哭，号啕不止，随着时间一点点流逝，啼哭渐渐无力，他双肩耸动，抽泣着流泪。泪眼模糊中，他抬起头乞望着须发尽白的程婴，发现这个不是生父却为他以身涉险、担忧操劳甚至背负半生骂名的老人眼噙泪水仍不改初衷，他伤心绝望，悲痛无奈，唯有叩首，不停地叩首，用力地叩首：“武愿苦筋骨以报子至死，而子忍去我死乎！”然而，程婴依然决绝地说：“不可。彼以我为能成事，故先我死。今我不报，是以我事为不成。”于是自杀。当学生有了这种入情入境的深刻体验，真切地“看见”赵武的形象，一定能深刻感受到这些年程婴和赵武的深厚情谊，也定能料到赵武复仇后程婴在荣华富贵中颐养天年的幸福光景。然而，程婴终究选择了义无反顾地赴死。学生自然会被程婴义薄云天、杀身成仁的高尚气节打动，望着程婴那瘦削却高大的身影陷入沉思，发出喟叹。

品味语言，进行体验时，学生如果能想象、能入境，思维就会得到训练，心灵就会受到荡涤，阅读能力、感悟能力也就随之提高。而学生具备感知生活的能力，正是进行生活化写作的前提和基础。

二、日常生活重“细节”，养护敏感心灵

众所周知，真情比才情更重要，教师要关注生活细节，竭力培养并呵护学生的敏感心灵与诗性思维。

在平时的学习生活中，教师可以就身边的人或事，利用课前候课的时间和

学生简单交流，引导他们去思考；也可以询问学生最近看电视、报纸有什么新鲜事，引导他们去关注；或者结合天气的变化、节日的到来等，引导学生去感知、去体味。在这个过程中，教师应和学生共同体验生活，并通过随笔、谈话等方式及时跟学生交流感想。因为这不只是引导，还是一种帮助和促进。帮助他们观察生活、积累生活，促进他们感知生活、体验生活。

一次，冬日的晨读时间，我斜坐在讲桌旁看书，忽然觉得眼前瞬间明亮起来。我侧头，只一眼，便看到了窗外挂在天边的太阳，那光亮并不耀眼光亮，却分明照亮了周围的世界。就在看到阳光的刹那，我看向学生，他们似乎毫无察觉，纹丝不动，依然端坐着朗读课文。那一瞬，我很有感触，就让他们立刻停止朗读，集体转头，看看窗外的太阳，感受那和煦的温暖和渐渐耀眼的明亮。我告诉学生：什么也不用想，就是看看太阳的样子，调动一切感官，感受太阳的明亮和温暖，甚至闭上眼睛静静地想象也行。

之后，我让学生交流感受，分享体验，也提出一些问题，比如：为什么一开始我发现了这瞬间的明亮，而同学们却无动于衷呢？有的说因为学习太专注没发现，乐滋滋地写了一篇《专注的魅力》；有的说觉得很寻常，没在意，反思之后，写了《那些远逝了的诗意情怀》；还有的说老师朝向太阳而自己背对太阳，写了《藏在背后的爱》，感慨身边那些被忽视被遗忘的情感。他们有生发感慨的，也有描摹太阳的，写得情真意切，生动细腻。即使是那些没有写的同学，一定也有属于自己的感触和收获。

生活中的细节很多，能引起学生心灵触动的时刻也不少，教师要用心发现，小心呵护，适时引导，千万不能扼杀了这一刻的“敏感情思”。有一年下第一场雪时，我们正在上语文课，学生有向外张望的，有低声惊叹的。看着学生们生动的表情和发亮的眼睛，我就及时停止讲课，给了他们五分钟自由时间。结果那次周记很多学生写了雪，而且写得还不错。

三、多种形式重“激趣”，养成练笔习惯

通过调查，我发现几乎每个班都有一些学生，能感知生活、关注社会，但因课业负担重或是自身惰性大，很难提笔写作。这就需要我们以多种形式来激发学生的写作兴趣，并通过各种活动，让他们愿意练笔、常常练笔，进而养成习惯。

1. 写作方式“生活化”

让书写心灵的周记取代定时训练的大作文,将写作自然地纳入生活。引导学生随身携带便笺和笔,读到有共鸣的文章,及时做旁批、写感悟。还可以提前公布当月“写作主题”,引导学生体察生活,便于他们酝酿情感,捕捉敏感点。还可以借助学校活动、班级活动促进学生练笔,如:学校“体育节”期间,鼓励学生写宣传稿件;评选“感动班级十大人物”时,让学生为被提名同学写推荐词,为当选同学写颁奖词。还可以利用一切节假日,为学生提供写作的“由头”,如:清明节放假时,以“你是人间的四月天”为主题,让学生拍摄一幅最喜欢的照片,配上文字解说;春节期间,以“________的一家人”为命题,鼓励学生捕捉镜头,拍摄一段视频,描摹自己的感受,并尝试给视频配画外音等。

2. 批改方式“生活化”

苏霍姆林斯基说过:“在人的心灵深处,都有一种根深蒂固的需要,就是希望自己是一个发现者、研究者和探索者。”学生更是这样。教师可以充分调动学生的积极性、主动性,让他们参与进来,当一当发现者、研究者和探索者。如让学生互赏、互批、互改习作,仿照“跟帖”的方式写下自己的看法和感悟,并在小组里交流;或者鼓励学生开通并在一定范围内公开自己的博客,老师和同学自由自在地跟帖,直抒胸臆、畅所欲言。这种生活化的批改交流,不仅能调动学生当次作文的积极性,还能帮助学生形成较为持久而稳定的写作兴趣。

3. 讲评方式“生活化”

作文或周记的讲评,不必等到专门的讲评课上集中进行,我们可以利用课前五分钟,赏读优秀习作,让作文处处有踪影,让学生天天有期盼。

另外,可以成立“写作宣传小组”和“班报编辑部”。“写作宣传小组”负责通过书籍、网络和听教师讲解等方式收集写作小窍门,并通过黑板报进行宣传;而“班报编辑部”则负责定期制作精美的班级报纸,内容以优秀周记展评为主,也兼顾附有学生“跟帖”评论的自由投稿。实践证明,这种“生活化”的讲评方式能大大激发学生的写作兴趣。

四、方法指导重“实效”,学会构思与润色

虽说写作是个性化的事情,但自古至今,很多宝贵的写作策略经过了历史

的淘洗和时间的检验积淀下来，教师有责任有义务将这些精髓教授给学生。

以记叙类文体的写作策略之一——“巧选‘感点’，集中笔力求新颖”为例，我们要告诉学生这是在抓住典型事件的基础上增加文章新颖度和感染力的一种方法。所谓“感点”，即敏感点、触发点。它可能是事件的某个片段，也可能是人物身上某个特征或部位。朱自清先生的《背影》就是成功运用这种策略的范例。

在学生观察生活、感悟生活的基础上，引导他们提炼出“感点”。比如：阳光下爸爸的几根白发，劳累一天后坐在沙发上打呼噜的声音；妈妈眼角的细小皱纹，眼中打着转儿的泪花；姥姥颤巍巍的脚步，爷爷那被烟熏得黄黄的大板牙，奶奶那双浸在冷水中洗菜的枯瘦的手……只要学生能把“感点”抓出来，集中笔力细致描摹，便能写得感人、新颖。

另外，对于学生习作中存在的问题，我们要有针对性地提出修改建议，如树立“读者意识”、强化“论证意识”等。以前者为例，我们应该告诉学生：抒发真情实感的同时必须做到“胸中有读者”。因为作者清楚的读者未必清楚，作者感受到的读者未必感同身受，所以，难懂的事情要具体说，整体的事物可以分开说，深沉的情感必须细细说。

例如，下面这段话：“每次放假，奶奶都按照我的口味，亲自为我煮面条。看着奶奶慈祥的面孔和颤巍巍的身影，我感动得泪流满面。”我告诉学生：读者仅是得知了这个事件，而没有“看到”这个画面，也就难以真切体会作者的深情。我们不妨形象地还原场景，将其生动地描写出来。于是他改写为：“奶奶又去煮面条了，她嘴里念念叨叨：‘不放葱花，少放盐，爱吃酸……’外面的阳光透过窗户洒下来，我看到奶奶花白的头发上镀了一层毛茸茸的边，那双不停劳作的手上早已生出了褐色的斑点，我突然就发现了岁月的痕迹。当奶奶颤巍巍地端着一碗滴好醋的面条向我走来时，我的鼻子蓦地酸了一下……挺奇怪的，奶奶不经意的举动，就能冲破我心底最坚强的防线。奶奶，您总惹我哭！”很明显，一番详写之后，内容更充实，文采更出众，情感更充沛。

特级教师王君老师说：“一个能够把视线朝向滚滚红尘，从小就能够感受红尘之中冷暖温情的孩子，是保持了生命本色和写作本色的孩子。”我们相信，如果学生学会了感知文本、体会情感，练就了一颗敏感细腻的心，并养成了乐于练笔的好习惯，作文中的生活之气定会扑面而来，生命意识定能悄悄觉醒、默默流淌。

如何使细节描写生动感人

众所周知,记叙文强调以情感人,而最能打动人的就是细节描写。叶圣陶先生曾说:“描写的目的就是把作者所知所感密合地活跃地保存于文字中。同时对于读者就发生一种功效,就是读者得以真切了知作者所知,如实感受作者所感,没有误会、晦昧等等缺憾。”但对很多学生来说,这一目的很难达到,因为他们尚处于心中有情却笔下干涩的尴尬境地。我认为要想指导学生写好细节,使文章生动感人,可以从以下几个角度入手。

一、细致观察,典型事件显个性

写作是非常讲究选材的,我们不能漫无选择,总得拣印象最深的来写。这就要求我们细致观察,抓住典型事件,“捉住了这些写出来,就不是和甲和乙都差不多的一个人,而是活泼生动的某一个人了”(叶圣陶语)。例如,同是慈母形象,贾平凹笔下的妈妈是这样的:

每年院里的梅李熟了,总摘一些留给我,托人往城里带,没人进城,她一直给我留着,“平爱吃酸果子”,她这话要唠叨好长时间。梅李就留到彻底腐烂了才肯倒去。

我们可以想象母亲一遍一遍唠叨的情景,声音由大到小,音调由高到低,语速由快到慢,心情由迫切到焦急到无奈,神情也愈见落寞忧伤。这是一位朴实、爱子的母亲形象。而史铁生笔下的妈妈是这样的:

有一回我摇车出了小院,想起一件什么事又返身回来,看见母亲仍站在原地,还是送我走时的姿势,望着我拐出小院去的那处墙角,对我的回来竟一时没有反应。待她再次送我出门的时候,她说“出去活动活动,去地坛看看书,我说这挺好”。

母亲送儿子出门了,心中有一千个一万个不放心,但却硬生生地扼住尾随而去的欲望。她不知儿子今后的路该怎样走,不知儿子如何才能得到属于自己的幸福。她痛苦焦急却又彷徨无奈,只能以一颗满是辛酸苦楚的爱子之心去体谅儿子,支持儿子。母亲多“苦”啊! 在史铁生看似平淡的描写中,在母亲“发愣”“失神”之际,我们看到了一位坚强而痛苦,关爱儿子又能理解儿子的伟大母亲的形象。

其实，贾平凹也好，史铁生也罢，笔下的人物之所以生动形象、感人至深，首先在于他们抓住了典型事件，对凸显人物性格的具体事件进行了动情刻画。他们笔下写出的是“这一个”母亲，具有个性化的母亲。

引导学生想起了印象最深的事情，抓住了典型事件，我们还应指导学生进一步细致观察，做到同中求异。因为，平淡的生活总有惊人的相似，千千万万的人物却各有各的不同。

以“妈妈叫孩子起床的情景”为例，有的妈妈起床后坐在沙发上看看报纸，翻翻杂志，等时间差不多了，就去叫孩子起床，这是知性优雅的母亲形象。有的妈妈起床后便开始忙忙碌碌，打开家门扫院子、收拾厨房做早饭，一刻不停，一会儿不歇，等家务干完了，时间也到了，便快步走进房间干脆利落地叫孩子起床，这是勤劳麻利的母亲形象。还有的妈妈则呼呼大睡，直到闹钟响了才从梦中惊醒，一骨碌坐起来，翻身下床，连鞋子也来不及穿，边跌跌撞撞地跑着边扯开嗓门大喊：“哎呀！晚了，晚了，快起来！”然后，一头扎进厨房乒乒乓乓做早餐，这是率真可爱的母亲形象。

二、巧选“感点”，集中笔力求新颖

抓住了典型事件，我们应引导学生在此基础上巧选“感点”。所谓“感点”即敏感点、触发点。在一个典型事件中，肯定存在一些特殊之处，让人尤其动情，可能是某一个片段或者某一个角度；一个典型人物身上也肯定有一些特殊之处，令人印象格外深刻，可能是某一个特征亦可能是某一个身体部位。学生设法把这个“感点”抓出来，集中笔力细致描摹，便能写得感人，写得新颖。

如朱自清先生的《背影》一文，淡淡的叙述中，没有对父亲的肖像描写，也没有着力于神情、音容笑貌的描绘，而是抓住父亲为自己买橘子的一个“背影”进行细节刻画，做到了以小见大、以点带面，而且角度奇特，不落窠臼。

有人写母亲，集中笔力刻画母亲的眼睛，以母亲眼睛的日益凹陷和干涩来表现母亲的操劳和衰老，流露出对母亲深深的感激和爱恋。有人重点描写妈妈的大手和女儿的小手，用两双手的互动来诠释母女关系的亲疏。如“小时候，小手总是钻到您软软的大手里寻得温暖和安全。时光荏苒，我的手渐渐变大，也

似乎慢慢躲开了您日益粗糙的大手。”寥寥数语，就把女儿年龄渐长，有了自己的小心思后萌生羞涩之情，与妈妈相处时不像往日那样亲昵、自然等变化勾勒出来，角度新颖，场景生动，情感丰富，十分精妙。还有人这样写爷爷：“我突然不可抑制地想念你，想念你硬得扎人的胡茬，干枯的大手和被烟熏得黄黄的大板牙。”没有对爷爷进行全方位的肖像描写，而是抓住“胡茬”“大手”“大板牙”这三个令自己印象深刻的“感点”下笔，不仅写出了爷爷的个性特点，还具有很强的冲击力，让人眼前一亮、心中一颤。

其实，生活中，人物身上这种具有典型意义的地方有很多，我们可以采用追问的方式引导学生将典型事件还原、细化，从中提炼出一个“感点”。

三、精雕细琢，特写镜头蕴深情

有了典型事件，也确定了“感点”，文章已经具备了打动人心的可能。那么如何才能做到笔运则情出呢？我以为，要指导学生以特写的方式拉近镜头，进行精雕细琢。以《背影》中的相关片段为例：

走到那边月台，须穿过铁道，须跳下去又爬上去。父亲是一个胖子，走过去自然要费事些。我本来要去的，他不肯，只好让他去。我看见他戴着黑布小帽，穿着黑布大马褂，深青布棉袍，蹒跚地走到铁道边，慢慢探身下去，尚不大难。可是他穿过铁道，要爬上那边月台，就不容易了。他用两手攀着上面，两脚再向上缩；他肥胖的身子向左微倾，显出努力的样子。这时我看见他的背影，我的泪很快地流下来了。

父亲爱惜儿子，情愿在铁道两边爬上爬下，做着几乎不能胜任的工作。朱自清先生借助“走”“穿”“爬”“探身”等一系列精准的动词“追踪”父亲的身影，描写父亲的行为，并通过“蹒跚”“慢慢”等生动的形容词雕刻父亲的姿态，此时父亲的形象已经比较丰满了，但作者还不满足，继续拉近镜头，对父亲“爬月台”的样子进行了特写展示：

“他用两手攀着上面，两脚再向上缩；他肥胖的身子向左微倾，显出努力的样子。”这番精雕细琢让父亲的形象清晰地浮现在每位读者的脑海中。父亲如此艰辛地为已经二十岁的成年儿子买橘子，这份浓浓的父爱也深深地印在了每位读者的心头。

再如贾平凹笔下的母亲形象：

……我气恼了，要她逢集赶会了去买了零嘴吃。她果然一次买回了许多红糖，装一个瓷罐儿里，但凡谁家的孩子去她那儿了，就三个指头一捏，往孩子嘴里一塞，再一抹。孩子们为糖而来，得糖而去。母亲笑着骂着："喂不熟的狗！"末了就呆呆地发半天愣。

在这一组特写中，有两个核心镜头：一是母亲的三个手指头；二是母亲脸上变换的神情。第一个镜头中，三根粗糙干裂的手指头迅速地活动着，"一捏""一塞""一抹"，麻利干脆，毫不迟疑，连贯的动作透着一股子亲热劲儿，母亲的朴实、善良、热情展露无遗；第二个镜头中，母亲先是"笑着骂"，流露出对孩子的喜爱和宠溺，继而"呆呆地发半天愣"，流露出儿子不在身边的孤独伤感和落寞。强烈的对比刺激着读者的心灵，表现出母亲对儿子的思念、记挂以及儿子对母亲的愧疚之情，真可谓言简义丰，意味深长。

四、巧妙"升格"，抒情议论感人心

在记叙文中，抒情议论往往起到"画龙点睛"的作用。叶圣陶先生曾说，（抒情）里面有作者心理上的感受与变动作为灵魂。看这类文字的人便不自主地心理上起一种共鸣作用，也有与作者同样的感受与变动。如果我们能在精雕细琢，特写展示的基础上进行精当的抒情和议论，会使特写镜头中酝酿的澎湃情感喷涌而出，更动人心弦。

有一回我摇车出了小院，想起一件什么事又反身回来，看见母亲仍站在原地，还是送我走时的姿势，望着我拐出小院去的那处墙角，对我的回来竟一时没有反应。待她再次送我出门的时候，她说"出去活动活动，去地坛看看书，我说这挺好。"许多年以后我才渐渐听出，母亲这话实际上是自我安慰，是暗自的祷告，是给我的提示，是恳求与嘱咐。（史铁生《我与地坛》）

作者刻画完母亲的"失神"状态后，用几个排比的短句写出了多年后自己对母亲话语的解读，这内蕴的深情，压抑的抒发，让人哽咽难语。

当知道我已孤单一人，又病得入了院，她悲伤得落泪，她要到城里来看我，弟妹不让她来，不领她，她气得在家里骂这个骂那个，后来冒着风雪来了，她的眼睛已患了严重的疾病，却哭着说："我娃这是什么命啊！"

我告诉母亲,我的命并不苦的,什么委屈和劫难我都可以受得……而现在最苦的是我不能亲自伺候母亲!父亲去世了,作为长子,我是应该为这个家操心,使母亲在晚年活得幸福,但现在既不能照顾母亲,反倒让母亲还为儿子牵肠挂肚,我这做的是什么儿子呢?(贾平凹《我不是个好儿子》)

作者借回答母亲的疑问“我娃这是什么命”说出了自己的感受。“我这做的是什么儿子呢?”直抒胸臆的语句让他对母亲的热爱和愧疚畅快流淌,肆意喷薄,震撼着我们的心灵,令人长号不自禁。作者仅是“把自己的情感加上一番融凝烹炼的功夫,很纯粹地拿出来”,就使得读者“忘却人己之分,同自己一样感受得深切”(叶圣陶语),这就是抒情的魅力。

真挚的抒情、精辟的议论,很有表现力,极富感染力,因而,我们应该指导学生学会通过抒情议论使记叙文升格的方式,将之前叙述描写中悄悄酝酿的情感推向高潮,触动人们内心最柔软的所在。

总之,在日常作文教学中,只要我们能指导学生在细致观察的基础上抓住典型,“巧选感点”,做到精雕细琢并恰当地抒情议论,学生的笔尖必然会流淌出真挚感人的文字。

浅谈启发式教学的内涵和实施艺术

启发式教学是符合现代教育发展趋势的一种基本的教学理念,也几乎是现代教学中无法绕开的教学方式。然而,在现今的教学实践中却常常出现“启而不发”的现象,以至于课堂气氛沉闷,教学效率不高。导致这一状况的原因,一是在于教师对启发式教学的内涵理解得不够准确深刻,二是在于教师对启发艺术的掌握和运用不够熟练。鉴于此,本文试从这两个方面做些阐释,供同仁们批评指正。

一、启发式教学的内涵

早在先秦时期,以孔子为代表的教育家们就十分重视启发在教育中的作用。孔子曾说:“不愤不启,不悱不发,举一隅不以三隅反,则不复也。”朱熹注云:“愤者,心求通而未得之意。悱者,口欲言而未能之貌。启,谓开其意。发,

谓达其辞。”由此可知，启发的关键是调动学生学习、思考的主动性与积极性。学生首先要自己学、自己思，思到实在想不通、道不明的程度，必然产生一种请人启之发之的迫切愿望，这时，教师只要轻轻点拨，学生便会豁然开朗。大凡成功的“启发式教学”，不仅强调学生学、思的主动性、积极性，更重视教师的主导作用，即教师在恰当的时候给予恰当的启发和诱导。

在启发式教学思想的指导下，教师会产生种种不同形式的行为，所以启发式教学方法可能是形式多样的。在课堂教学中，无论采取什么样的教学方法（如讲授法、谈话法、问答法、诵读法、发现法、自学法、观察法）进行教学，只要行之有效，体现启发、诱导，突出学生的主体地位，培养学生的能力，就是启发式教学。

善于调动学生的积极性，启发学生提出问题，这是启发式思想的体现。但是，人的思维常常是在解决问题的过程中进行的，有问题才可以推动人们进行积极的思考，“学起于思，思源于疑”正是这个道理。启发学生的关键在于学生的提问要在教师的引导下，突出教师的主导作用；教师要引导学生在教材的重点、难点处围绕教学目标提出问题，而不是漫无边际地提问。因此，课堂上放手让学生提问并不等于启发式教学，我们鼓励学生质疑，不是让其无止境地提问题，而是要教给学生提出问题的方法，使学生养成提出问题的良好习惯。

我认为，要想运用好启发式教学方法，真正构建高效课堂，必须具备先进的教学理念，高超的启发艺术。如果教师真能起到主导作用，以人为本，充分调动学生积极性，就一定会“启而有发”，使教学更高效。

二、如何在教学中运用启发艺术

对于启发式教育，只有“启而得法”才能“启而有发”。那么高中语文教师在教学时应怎样发挥启发艺术呢？我以为要注重以下四个方面。

（一）创设情境和氛围，激发学生求知欲

启发式教学是指在教学过程中，遵循教学规律，从学生实际出发，采用各种灵活有效的方法和手段，激发学生的内在学习动机，引导学生积极思维，使他们主动获取知识，发展能力。由此可见，教师善于创设能激发学生学习兴趣和求

知欲望的情境与氛围，是进行启发式教学的重要前提。

在讲授《锦瑟》时，可以这样设计导入语：“在我国浩如星海的古典诗词中，若说哪一首成就最高，仁者见仁智者见智。但是，若说哪一首最朦胧、最多解，李商隐的《锦瑟》当之无愧。”学生一听今天要学的是古往今来最朦胧、最多解的诗歌，好奇心、求知欲就立刻被勾起来了，为课堂上接下来的认真听讲、细细品读、积极思考、提出问题等奠定了良好基础。

再如，教授贾平凹的《我不是个好儿子》，初读课文，大致了解内容后，可聚焦题目，抛出一个问题：“贾平凹究竟是不是一个好儿子呢？”学生便会兴趣盎然，积极主动地回原文找答案，找依据，甚至展开热烈的讨论。此时，精读的过程就是一个很好的动手动脑的过程。这样的课堂怎么可能不高效呢？

（二）保证启发问题思路的正确性

正如中医只有号准了脉，才能对症下药，药到病除一样，教师进行启发引导时，只有把握住学生思维的正确角度和方向，才能确保启发成功。

在学习《雷雨》时，一提到周朴园这一形象，学生就会给他定位：资本家，冷酷无情、自私自利、唯利是图……这时，教师可以启发学生：“能不能抛开阶级性，就他的所作所为，从‘活生生的人’‘有血有肉的现实的人’这一角度分析呢？”这样，学生就会把目光投向课本的具体描写，从周朴园的行为、语言、神态等角度进行分析。在此基础上，学生对周朴园的认识自然会更全面，更科学，更合乎人性。

再如，在讲《我有一个梦想》等演讲词的语言特点时，学生总是围绕“排比”“反复”“比喻”等作答，教师就可以启发学生不要局限于修辞，学生的思路便豁然开朗了，可能会想到短句式、口语化等特点。

（三）巧设铺垫，抓准问题切入点

在某种意义上说，启发式教学法就是通过巧设铺垫，使学生在充分发挥自己潜能、进行积极独立思考的情况下完成学习任务。铺垫过多，教师费劲，问题太简单，学生的思维能力也得不到应有的提高；铺垫太少，问题难度超出学生的能力范围，就达不到“启而发”的目的和效果。现代学习理论也强调，有效高妙的启发就是从学生现有的认知水平出发，遵循其“最近发展区”的原则，让学生

“跳起来摘桃子”，使其“伸手不及，跳而可获”。所以，进行启发式教学时，教师必须根据学情，巧设铺垫，抓准切入点。这是使学生“启而得发”的一个关键。

在做《剪得秋光入卷来》这篇现代文阅读理解时，有这样一个题目：作者说“秋很难登上都市人拥挤的心头”，请分条陈述这样说的原因。学生大多能从都市环境这一角度作答。初秋天高气爽，易令人心情开阔；深秋草木凋零，易令人生起悲秋愁绪。但对于都市人来说，他们多身处空调环境，也不太留意观察自然界的植物变化，所以受气候和环境的变化影响小，对秋就没什么感觉了。这时，我们就必须抓住问题的切入点进行引导：“刚才大家从客观的两方面进行了探究，那有没有主观原因呢？为什么是‘拥挤’的心头呢？”这样抓准关键点、切入点，学生结合语境，结合主旨，就能考虑到还因为都市人忙忙碌碌、追逐物欲，心里装满盘算不完的事情，就没有心思，没有时间留意秋天了。

（四）把握好启发的最佳时机和力度

打铁要看准火候，启发式教学也要选择恰当的时机。孔子强调“不愤不启，不悱不发”，即学生处于“心求通而未得，口欲言而未能”的状态时，才“开其意，达其辞”。我国古代教育名著《礼记·学记》中有这样的文字：“道而弗牵，强而弗抑，开而弗达。”寥寥十二个字，也是对启发式教学的精辟论述。它启示我们：高明的启发艺术是给学生适当的引导，但不是拖着他们走；是给予激励和鞭策，但不是施加压力；是稍加点拨和提示，但不是代替他们做论断。

在学习《装在套子里的人》时，对于“为什么别里科夫能辖制整个中学甚至全县十五年”这一问题，学生能思考出大家害怕别里科夫唠叨。但仅此一点，学生自己也会意识到太缺乏说服力，进而冥思苦想，渴望通达。这时，教师可以掌握好力度，适时点拨：“所谓的别里科夫真的只是这一个人吗？”“当时的社会背景是怎样的？”经过了简单的点拨，学生会有新的思考和认识，并能领会到小说中人物形象塑造的特点、意义和作用。经过了思想的磨砺得出的认识就如淬了火的铁器，更加坚实牢固。

再如学完《孔雀东南飞》，很多学生会有疑问：“刘兰芝为什么受到婆婆的驱遣？”热烈讨论之后，多种观点浮出水面：“举动自专由”，不孝有三无后为大，焦母的恋子情结、嫉妒情绪……学生莫衷一是，期待教师指点迷津。我们不妨抛

出一个问题“一定要有具体原因吗”？学生一下子产生更强烈的求知欲望，进行更深入的思考。最终，他们会意识到“没有理由的遣归”更能体现悲剧意味，更能凸显以焦母为代表的封建家长的霸道、无理。

所以，教师在课堂中必须先为学生创造适度的“愤”“悱”状态，并及时予以点拨和诱导，把握好力度，帮助学生排除思维障碍，使他们积极热情地投入探索活动中，这样才会“有启有发”，取得较好的教学效果。

另外，高中阶段，课堂上还经常出现“启而有效”但是“问而不答”的现象。学生一般不会无故不配合，如果已经有所悟、有所得了，却始终不张嘴，或许是学生不自信或畏怯、害羞，不敢当众发言。如何克服这些消极心理呢？我认为，需要教师努力创设民主平等和谐的课堂氛围，在课堂上多使用些激励性或鼓动性强的语言。因为，在较为愉悦的环境中，更容易启而有发，问而有答。

教师在日常教学中，在与学生的交流中应给予学生正确的引导，使他们形成正确的认知。同时，应多发现学生的闪光点，培养学生积极自信、乐观向上的品格。还应利用一切合适的时间和地点锻炼学生的胆量，使他们大大方方、勇于表现自己。只有养成了良好的习惯，才不会出现“会也不吭声”或者“一心一意等教师点将”的不良现象。也只有这样，我们的学生才有可能有个性、有思想、有主见、有胆识，能够发现问题，解决问题。

第二节　高中“有声语文”课堂教学的实施案例

为更好地实施“有声语文”的教学主张，我们开设了“强化口语综合课”和“口语表达专题课”两种课型，二者的内涵与侧重点有所不同。

“强化口语综合课”，是当下规范语文课的升级形态，不仅重视自主思考，更重视言语交流和思想交锋。它倡导学生朗读、发言和对话，放大了学习的“输出”功能，并借助“有声输出”（朗读课文、同伴交流、观点辩论等）带动“无声输入”（自主思考、倾听理解、融合批判、开放视野、荡涤心灵等），使学生在深度感悟和思考中，实现诗性体验与智性思维的再生长，促进其生命完整性发展。

“口语表达专题课”，是强化口语综合课的有益辅助和必要补充。众所周

知，口语能力的提升是个复杂的系统工程。从能开口到会表达再到懂交流，从会倾听到能回应再到可内化，涉及方方面面，绝非一日之功。而常规语文课的教学目标和教学重点具有一定的固定模式，涉及口语表达的知识与技巧难以加入，因而，口语表达专题课的开设就变得重要而必要。在口语表达专题课上，学生可以全面学习朗读技巧，可以仔细推敲演讲要点，亦可详细了解具体的辩论常识，还可模拟交际情境的实践运用……

两种课型相辅相成，共同作用，学生在专题课上学到的方法、技能在综合课上得以运用和发展；在综合课上获得的成就感，又极大地提升了对专题课的热情与兴趣。久而久之，学生的口语表达能力持续提升，全面的学科素养也不断形成，自主思考越来越深入，同伴对话越来越高效，对生命的感受与思考也随之深入，生命质量得以提升。

我们期待学生在“无声学习”和“有声输出”中实现深度学习，以声音构建场域，在场域中体验，在体验中感悟，在感悟中思考，在思考中收获，促进诗性体验与智性思维的再发展，强化生命意识，深化生命体验，提升生命境界，实现“有声语文”的价值追求。

具体来说，“强化口语综合课”强调创设一切条件让学生开口，从教学意识、教学设计、教学活动、教学评价等多方面强化口语的重要性。如学生能读的教师不读；众多学生都能说的，不只让一个学生说；学生能自主对话学会的，教师不做过多讲解；学生不想交流时，教师要绞尽脑汁地创设情境或制造条件，促其交流；学生回答问题后，及时增加口语角度的评价与鼓励。以“梳理小说情节”为例，我们的做法是：不要急于让一个学生当众发言，而是要求全体学生“把这个故事讲给你的同伴听”。短短两三分钟，所有学生都有了口头表达与交流的机会及实践，而且这种全员参与、自由随意的状态和氛围，易于消除紧张情绪、畏难情绪、羞怯心理，便于口语教学顺利实施。当学生有了表达体验，已扫清了知识上和心理上的障碍时，再邀请其中一位当众回答，其舒适度、成就感、积极性自然大幅提升。在这样的场域中，课堂自然是“有声音”“有生气”“有生命”的。

为进一步确保良好的学习效果，我们根据学生情况和教学内容设计了六种活动形态——沉浸式朗读、自由式发言、开放式演讲、随机式辩论、理解式对话、

体验式表演。“六形”课堂为“有声语文”的实施提供了实践支架，改善了课堂生态，学生安全感增强，其主动性、积极性、参与度、投入度都有所提高。

以“沉浸式朗读”为例，它强调学生对文本的深度介入和诗性体验。我们可以从音节特点的“声音化”、文字内涵的“图片化”、言语形式的“特色化”三方面引导诵读。如文字内涵“图片化”，在“强化口语综合课”上，我们建议巧妙运用“文字还原图景”和“文字创生情境”两种策略。还原图景，是指借助联想等方法，通过对文字的分析、感受，将描写细致、有清晰“蓝图”的文本还原成作者进行文学创作时所摄取的情境，从而实现身临其境；创生情境，是读者借助个性化的想象对情感张力大、思想意蕴丰富的作品进行意境的合理创设，从而入情入境，共情共鸣，获得独特感知的过程。

我们还可以根据教材内容和活动安排，适时选择契合的活动形态，开展“口语表达专题课”教学，引导学生学会进行有感情的朗读、言简意赅的发言、鼓舞人心的演讲、有理有据的辩论、高效共赢的对话、全情投入的表演。

仍以“沉浸式朗读”为例，教材中涉及诗词单元教学或“举行班级朗诵会”等单元实践活动时，就尤其适合开展“朗读训练专题课”。相较于综合课上的品读，专题课可涉及的教学内容更广泛，比如音节特点“声音化”这个角度，就可以传统语言学的“四呼”为突破点进行诵读意识和诵读技巧的训练。还可以根据学生需求重点培训朗读的停顿、重读、拖音、吞咽字等技巧。虽然诵读是声音和意义的结合，没有理解的诵读是没有灵魂的，但是也的确存在很多学生理解体会得不错，能“情动于衷”，但仍然难以情随声动的问题，所以，诵读其实也需要技巧。例如赏析《兰亭集序》中“集会之乐”的快乐情感，在“口语表达专题课”上，我们可以从语速、语调、停顿、重音、气息等多个角度进行诵读指导，这有助于学生体会、揣摩、诠释“乐”的情感，提升感知能力和诵读能力。而这些相对细致的讲解与训练，显然不可能在常规语文课上额外花费宝贵的时间和精力进行。因此，我们倡导、鼓励学生将在专题课上学到的知识与技巧，灵活自如地应用到综合课上。

由于两种课型的内涵和作用不同，二者在日常语文课中的比例也有不同。“强化口语综合课”应用更广，更能体现日常语文课的状态；“口语表达专题课”侧重口语知识的生动传授和口语实践活动的真实开展。因此，本节将按照“单元教学”“群文教学”“单篇教学”“专题教学”“作文教学”等不同形式和类型着重介绍“强化口语综合课”的教学实践案例。

一、单元教学案例

单元教学强调以整个单元为一个项目，基于学生立场，进行全盘考虑、整体规划，制定科学合理的教学目标并规划学习活动，让学生在真实情境和任务中，逐步形成关键能力、必备品格与价值观念。在单元学习中，学生可以更系统或更精深地学习，不但可以纵向延伸，还可以横向比较；不但可以构建网络、开拓视野，还可以选择一点扎根深究。

在这一部分，我们选择的两个单元教学案例是颇具挑战性的。一个是必修下册的第四单元，属于“跨媒介阅读与交流”任务群，绝大多数教师对此比较陌生，教材编写也大而化之，没有提供明确的教学内容和有意义的借鉴，因而，备课、执教过程中，教师普遍感到十分困难。第二个是选择性必修上册的第二单元，本单元在内容编排上，综合考虑了中华优秀传统文化和思辨性阅读两个任务群，存在“篇目和内容都比较陌生”“思想有些艰深、不易理解”“思维方式和言说方式不容易把握”三大难点，又因为内容的文言本质，学生不感兴趣。这两个单元都可谓“难啃的硬骨头”。那么，该如何有效调动学生积极性，让课堂“有声音”“有生气”“有生命”，切实助力学生成长呢？我们进行了如下实践。

体验信息生活 涵养媒介素养

——统编版高中语文教材必修(下册)第四单元教学设计

【设计说明】

统编版高中语文教材必修(下册)第四单元属于“跨媒介阅读与交流”任务群，相较于其他以文本为主体的任务群，教师具有更多自主权，可选择的教学内容更丰富、更广泛，教学设计也更灵活、更自由，但同时这种开放性也更容易让教师感到无从下手，无所适从。

一般来说，“跨媒介阅读与交流”任务群有两种适用的教学形态。一是“利用跨媒介思路教学”，即“渗透在其他任务群的学习过程中”的教学；二是“教学

跨媒介学习”，即立足本单元，通过创设真实情境，以任务驱动的方式，让学生在具体学习活动中，重新审视所处的信息时代，从而获取媒介知识、提高媒介素养。前者似乎更易于操作，简单便捷，如进行纸质阅读与线上阅读相结合的混合式阅读教学等，但既然是渗透教学，无疑存在零散、不系统、不深入等弊端；而后者是进行集中教学，更利于学生在较短时间内较快提高相关素养。

本课例就是基于“教学跨媒介学习”而进行的教学设计。整节课以学生比较熟悉的《雷雨》为载体，聚焦语言文字的理解与运用，设计了三个学习活动——了解媒介特点、辨识媒介信息、撰写跨媒介推广方案。活动前后相连，层层推进，试图让学生通过“了解”“辨析”“运用”，在真实的情境与生活实践中提升媒介素养。

【教学目标】

1. 了解不同媒介的语言特征，能针对不同媒介，撰写具有相应语言特征的文稿。

2. 利用多种媒介传播信息，掌握报刊、广播、电视、网络等多种媒介传播信息的特点、技巧等，不断提升媒介应用能力与审美能力。

3. 学习辨识媒介信息，辨识其立场，评判其价值，多角度分析问题，形成独立判断。

（新课程标准明确指出：“本任务群旨在引导学生学习跨媒介的信息获取、呈现与表达，观察、思考不同媒介语言文字运用的现象，梳理、探究其特点和规律，提高跨媒介分享与交流的能力，提高理解、辨析、评判媒介传播内容的水平，以正确的价值观审视信息的思想内涵，培养求真求实的态度。”）

【课时安排】

1 课时

【教学过程】

1. 前置环节

要求学生课前至少通过两种方式了解《雷雨》的剧情，并搜集三条相关评论。

2. 活动一：了解媒介特点

（1）学生交流，是以何种方式完成课前任务的

①阅读《雷雨》剧本，现场观看《雷雨》的戏剧演出，电视收看《雷雨》电影，网络搜索观看戏剧或电影……

②图书馆查找有关《雷雨》及其评论的纸质书籍，网络搜索相关内容，询问家长或同学……

（2）分析比较，归纳不同媒介的传播特点

不同媒介传播特点			
传播媒介	纸质	视听	网络
传播载体	文字		
传播信道		视觉、听觉	
传播速度			快
传播时空跨度	时间长、空间大		
受众群体特点		文化层次不限	
传播限制			少

2. 活动二：辨识媒介信息

①分析《雷雨》剧本、戏剧、电影等跨媒介阅读的区别。

跨媒介阅读比较			
艺术形式	剧本	戏剧	电影
叙事媒介	文学语言	舞台语言	镜头语言
叙事结构			
叙事视角			
叙事主题			
叙事语言			

②交流展示课前搜集整理的有关《雷雨》的评论,并形成自己的判断。

阅读参考量表 (思考以下问题,并记录自己的想法)	
1	资料提供了哪些观点和事实?
2	资料的作者是谁?来源是哪里?是什么时间发表的?
3	文章的标题、开头、文风、结构安排、观点论证的表达效率高吗?
4	文章选题有价值吗?角度合适吗?新颖吗?
5	文章在事实判断、是非判断、利害判断上存在问题吗?
6	这则评论有没有明显的刻板思想、非此即彼思想、愤青思想、极端思想?
7	这则评论有没有以偏概全、强加因果、偷换概念、无中生有、张冠李戴?

3. 活动三:撰写跨媒介推广方案

情境设置:学校戏剧节,同学们要为本班参演的戏剧节目《雷雨》撰写跨媒介推广方案。建议的宣传渠道包括校报、校广播台、校电视台、校园网以及自媒体平台。

小组合作:设置宣传方案。

使用媒介	发布时间	宣传目的	语言特点	完整创意	所需素材	方案受众	执行人

交流展示:投屏方案,朗读宣传语、推荐语等文案,自评互评。

修改文案:根据多媒介语言特点(见下表),修改文案中的宣传语、推荐语等。

不同媒介语言特征观察表			
传播媒介	报刊	广播、电视	网络
语言特征	真实准确 简明精炼 生动形象 时效性强 时代感强 亲民	注重语速 时效性强 时代感强 通俗易懂 真实准确 生动形象	简洁直观 幽默搞笑 标新立异 粗俗轻佻 时效性强

悟诸子哲思 学立身处世

——统编版高中语文教材选择性必修(上册)第二单元教学设计

【设计说明】

统编版高中语文教材选择性必修(上册)第二单元共有六篇课文:三篇儒家论说,两篇道家短文,一篇墨家选文。它们分别体现了儒家、道家和墨家对时代的洞察,对社会人生的思考,在先秦诸子中有一定的代表性。本单元综合考虑了中华优秀传统文化和思辨性阅读两个任务群,学习时,不能仅把它们当作文言文来学习,还必须当作哲学经典、史学经典来读,当作文化精品来学习。因而,本设计在"先秦诸子"这个大专题的基础上制定教学目标,通过大概念下的任务驱动来设计学习活动,引导学生精研课文,并开展"比较阅读""互文性拓展阅读"和"联系性拓展阅读",通过自主思考与合作学习相结合的方式,让学生在真实情境中落实听、说、读、写能力的培养,既注重"语言建构与运用",又注重"思维发展与提升""文化传承与理解"等核心素养的培养。

【教学目标】

1. 熟读成诵,准确理解重点词句含义,掌握"而""之""其""以"等重点实、虚词的意义及用法。

2. 感受先秦诸子散文的论说风格,深入理解其思想价值和人文内涵,加深对传统文化的理解,增强民族自信。

3. 领会先秦诸子对社会人生的洞察,辩证思考传统文化对立德树人、修身

养性的现实意义。

【课时安排】

12 课时

【教学过程】

1. 导入

同学们,我们想举办一个“国学大讲堂”活动,今天开始学习的第二单元,恰好是先秦诸子散文,希望同学们认真研习,加深对传统文化的理解,在活动中展现风采,争做“修己达人”!

2. 任务一:文言知识知多少

熟读课文,疏通课文,能了解大意,并掌握重点实、虚词等文言现象。(5 课时)

建议学生借助课下注释及工具书,以自主学习为主、合作学习为辅,扫除文字障碍。同时,以表格方式梳理、积累重点文言知识。

以虚词为例,自主填写下列表格:

	篇目	典型语句	意义及用法
而			
之			
以			
其			
焉			
……			

教师答疑解惑,随堂提问,督促学生巩固所学。

3. 任务二:诸子哲思大家谈

在自主思考的基础上,进行小组合作,围绕“三家学说之我见”这个话题,展开研习,填写表格内容,并尝试向身边的人介绍儒家、道家、墨家等流派,最后教师进行点评、总结。(4 课时)

	篇目	核心概念	主要观点	论说风格	历史价值	当代意义
儒家						
道家						
墨家						

(1)精研课文,理解各流派主要思想

如以“君子人格”为核心概念,以导图形式梳理《〈论语〉十二章》各章关系;谈谈《大学之道》中“三纲”“八目”的具体所指及其内部关联;说说对《〈老子〉四章》中“有”和“无”,“知人”和“自知”,“胜人”和“自胜”,“有为”和“无为”的理解……(2 课时)

(2)进行对比阅读和拓展性阅读,深入理解各流派思想要旨(2 课时)

①以教师推荐、学生自主搜索、小组合作互助等方式获取学习资源。

②要求学生认真阅读学习材料,深化认识,形成观点。

学习资源列举:《〈论语〉十二章》《庖丁解牛》《孟子·公孙丑上》(我善养吾浩然之气)、冯契《孔子的仁智统一学说》、韩星《儒家核心价值体系——“仁”的构建》、崔大华《〈礼记〉的思想》(《儒学引论》)、傅佩荣《〈老子〉新解·绪论》、陈鼓应《误解的澄清——代序》(《老子注议及评介》)、罗安宪《“有用之用”“无用之用”以及“无用”》、冯友兰《墨子:孔子的第一位反对者》(《中国哲学简史》第五章)……

4. 任务三:国学讲堂我登场

从儒、道、墨家中任选一家,作为流派代言人,在“国学大讲堂”上,以“我为________(儒家/道家/墨家)代言”为题发表演讲。(3 课时)

(1)小组活动(1 课时)

①每个学生轮流演讲,每组推荐一名同学参加班级评选。

②确定一篇参赛演讲稿,集思广益,小组成员共同修改润色。

<table>
<tr><th colspan="4">演讲效果评价量表</th></tr>
<tr><th></th><th>认知水平(10 分)</th><th>表达能力(10 分)</th><th>体态语言(5 分)</th></tr>
<tr><td rowspan="2">优秀</td><td>8～10 分</td><td>8～10 分</td><td>4～5 分</td></tr>
<tr><td>对诸子思想有深刻准确的理解;
能联系现实,阐明其当代价值;
能辩证思考,形成科学判断、个人观点。</td><td>主题鲜明
内容充实
条理清晰
逻辑严谨
表达流畅
声情并茂</td><td>从容大方
举止得体
神态自然</td></tr>
<tr><td rowspan="2">良好</td><td>4～7 分</td><td>4～7 分</td><td>2～3 分</td></tr>
<tr><td>对诸子思想有准确的理解;
能联系现实,思考其当代价值。</td><td>主题比较明确
内容比较合理
条理比较清晰
逻辑比较严谨
表达比较流畅
声音洪亮、有一定感染力</td><td>比较稳重
举止自然</td></tr>
<tr><td rowspan="2">较差</td><td>0～3 分</td><td>0～3 分</td><td>0～1 分</td></tr>
<tr><td>对诸子思想有基本准确的理解。</td><td>主题不够明确
内容不太合理
层次不太清晰
表达不太流畅
声音不太洪亮</td><td>紧张
举止不自然或无动作</td></tr>
</table>

(2)班级活动(2 课时)

①任务分工等准备工作:主持人、演讲者、评委团。

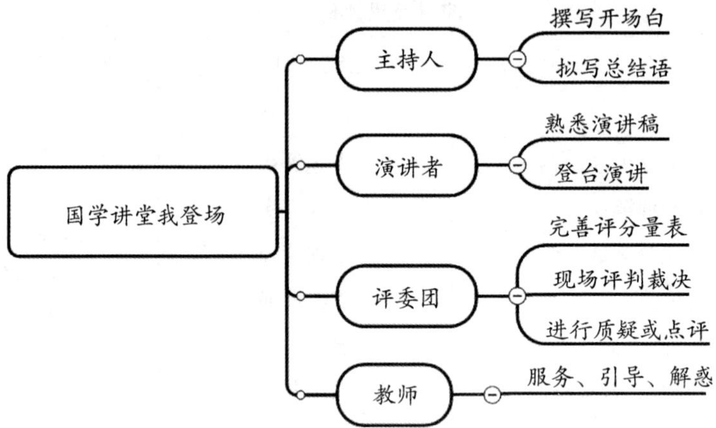

②“国学大讲堂”正式开讲，学生登台演讲，评选“国学小讲师”并颁奖。

5. 课堂小结

教师总结本单元所学，评点学生学习收获，并进一步提出继承传统文化、学会立身处世的期望。

二、群文阅读教学案例

“群文阅读”的概念，肇始于赵镜中教授。在全国第七届阅读教学观摩会主题演讲中，他提出：教师也开始尝试群文的阅读教学活动，结合教材及课外读物，针对相同的议题，进行多文本的阅读教学。他提出的概念中，涉及“教材内外”“相同议题”“多文本”等三个关键信息。而“群文阅读教学”，我们一般认为，是教师针对某一议题，进行多个文本的选择、组合等系统性建构，然后在规定时间内，通过梳理资料，比较相同及不同的文本内容对学生进行阅读指导，使学生能够进一步理解并把握议题，并达成共识的过程。这也是落实核心素养的过程，有助于学生通过多文本的比较与分析，激发兴味，加深理解，开拓视野，提升思维，锻炼综合能力，提高语文素养。

这一部分挑选的案例，关涉多种文体，以经典篇目组元建群，在议题的选择、学习任务的设计、课堂活动形态的选择等方面都独具匠心，体现了“有声语文”的特点，颇有借鉴意义。

（一）群文阅读教学（现代散文）案例

慢慢读，欣赏啊

——兼赏《故都的秋》与《荷塘月色》之景

【设计说明】

随着新课标、新高考、新教材改革的推行，语文课堂阅读教学建议进行群文阅读，开展项目式学习。《故都的秋》与《荷塘月色》是统编版高中语文教材必修（上册）第七单元的两篇课文，都是写景抒情的经典散文。高一的学生大多喜欢故事性强的作品，对这这类写景抒情散文不感兴趣，那么，如何引导学生体味景物描写的魅力？如何引导学生进行有针对性的深入思考？如何有效训练学生的口语能力，培养其“语言建构与运用”等核心素养呢？这节课从“写景”的角度，以“我是文学评论员”“我是阅读推介员”“我是文化传播员”三项主要任务活动结构课堂，强化学生的“诗性体验”，让学生在自主思考、小组合作、交流展示中，不断加深理解与感悟，学习赏析与评价，进行有感情的朗读，从而提升学生的学科素养。

【教学目标】

1. 有感情地朗读课文，能复述其主要内容。

2. 通过自主思考、合作交流，品读精彩的景物描写，掌握赏析语言和比较阅读的基本方法。

3. 学会感知、理解、评价作者的审美情趣，陶冶情操。

【课时安排】

1 课时（第一课时）

【教学过程】

1. 删繁就简三秋树：直接导入

《故都的秋》与《荷塘月色》历来被称为写景抒情的佳作，它们究竟有什么魅力呢？今天我们从景物描写的角度窥探一二。

2. 春江水暖鸭先知：检查预习

首先请把这两篇课文的主要内容讲给你的同组伙伴听一听。

现在哪位同学愿意简洁而全面地说一说这两篇课文的主要内容？

明确：《故都的秋》通过南国秋和北国秋的对比，强调了北国的秋色彩更浓、回味更永，通过秋院晨景、秋槐落蕊、秋蝉残声、秋雨闲谈、秋果胜景等北方景色的描写，突出了故都的秋清、净、悲凉的特点，表现了作者对故都秋的深沉热爱；《荷塘月色》则写朱自清夜晚散步，见到荷塘月色幽静、朦胧的美景，感到喜悦与安宁，又借采莲旧事表达了对当下不热闹、不自由的慨叹与无奈，整篇文章散发着淡淡的喜悦与淡淡的哀伤。

3. 开窗放入大江来：研读文本之“我是文学评论员”

（1）教师发布任务

《故都的秋》与《荷塘月色》为我们呈现了一幅幅美丽的画面，它们值得大家慢慢读，细细品。请同学们自由自在地朗读你认为最精彩的写景段落，并思考精彩在何处。

（2）学生交流分享

引导预设：引导学生关注文本，重视诵读，知其然更知其所以然，做到“读其文，入其境，浸其情，感其美”。

①品“字”：你认为哪些词用得好？能结合语境具体说说吗？

方法指导1：揣摩炼字。即从字义、修辞、句意、意境、情感等角度品析“本字”的妙处。

如：请同学们仿照示例，在课本上写旁批。

批注示例：月光如流水一般，静静地泻在这一片叶子和花上。

“泻”有流泻、流淌的意思，这般描写赋予了月光动感，把无形的投射写成了有形的情态，化抽象为具体，很有质感，让我们情不自禁地想象柔和的月光，如水一般，悄悄倾泻、由高到低静静流淌的样子，营造了一种恬淡、静谧、美妙的意境。

方法指导2：改词换句。即通过改词换句的方法，两相对照，揣摩改前改后的区别，体悟原词原句的丰富内涵及表达效果。

如：细品“秋院晨景”的相应描写，对比下文，请任选一处，说说改动前后的不同。

在北平即使不出门去，就是在皇城人海之中，租人家一间屋子住，早晨起来，泡一碗茶，坐在院子里，你也能看得到很高的碧绿的天色，青天下的驯鸽。

从槐树叶底，朝东还有一丝丝漏下来的日光，或在破壁腰中，对着像喇叭似的牵牛花(朝荣)的蓝朵，自然而然地也能够感觉到十分的秋意。最好，还要在牵牛花底，叫长着几根秋草使作陪衬。

原文与改文两相对照，学生的思考更有针对性，只要朗读得充分，揣摩得到位，自然很容易咀嚼、体味出原文之妙。

②悟“境”：你分享的文段，营造了怎样的意境？能先概括特点再形象描摹吗？

方法指导1：意象构图。即抓住意象，通过想象进行情境再现、画面叠加，引导学生身临其境，真切感受意境氛围。

如：像花而又不是花的那一种落蕊，早晨起来，会铺得满地。脚踏上去，声音也没有，气味也没有，只能感出一点点极微细极柔软的触觉。扫街的在树影下一阵扫后，灰土上留下来的一条条扫帚的丝纹，看起来觉得细腻，又觉得清闲，潜意识下并且还觉得有点儿落寞，古人所说的梧桐一叶而天下知秋的遥想，大约也就在这些深沉的地方。

这段文字画面感很强，给人很强的视觉感受，引导学生展开想象，进行联想，如见其花，如触其软，如临其境，自然能浸情润心，深入体会“清”“静”“悲凉”的意境特点。

方法指导2：诵读体味。即入情入境，通过声情并茂地朗读，感受并深入体会课文意境与情感，领略语言魅力。

如：你能读出这种安宁、静谧、纯美的感觉吗？

曲曲折折的荷塘上面，弥望的是田田的叶子。叶子出水很高，像亭亭的舞女的裙。层层的叶子中间，零星地点缀着些白花，有袅娜地开着的，有羞涩地打着朵儿的；正如一粒粒的明珠，又如碧天里的星星，又如刚出浴的美人。

指导诵读：夜深人静时，作者独自散步，抛却了白日里的枷锁，来“受用这无边的荷香月色”，心头本有几分自在、惬意之感。此刻，观荷塘美景，一定是在慢慢看，用心赏，朗读的语速要比较慢，语气中含着欣赏、赞叹和享受。而“曲曲折折”这样表形状的叠词，要意蕴悠长地慢慢读来，注意拖音和停顿，还可巧妙运用声音的虚实，不能咬得太死、读得太实，要适当虚化，把荷塘弯弯曲曲的“既视感”读出来，从而真切感受月下荷塘的意境美。

方法指导3：以文解文。即以彼文解此文，通过解读诗句、类文等其他文本，来加深对语言的理解、对意境的感悟。

例：从槐树叶底，朝东细数着一丝一丝漏下来的日光…… ——《故都的秋》

北山输绿涨横陂，直堑回塘滟滟时。

细数落花因坐久，缓寻芳草得归迟。

——王安石《北山》

4. 横看成岭侧成峰：比较阅读之“我是阅读推介员”

(1)小组合作

这两篇课文都是写景佳作，我们慢慢读，细细品，欣赏了一幅幅不同的美景。现在请同学们小组交流：如果让你推介这两篇文章，你如何从整体上介绍二者在景物描写上的不同之处？

推介提示：①角度：景物选取、审美情趣、写作风格等；

②形式：小论文、诗词、对联、图画等。

(2)学生交流展示

	景物选取	审美情趣	写作风格
《故都的秋》	北平普通老百姓的日常生活场景：破屋、驯鸽、喇叭花、槐花落蕊、秋蝉、都市闲人、枣子、柿子、葡萄……	冲淡、闲适、伤感、落寞。	就像传统中国画中的写意画，随意点染，自由开合。
《荷塘月色》	特定时间、特定心境下的特定景物：月色下的荷塘、荷塘上的月色。	优雅、静谧、幽美、朦胧。	就像传统中国画中的工笔画，精描细绘，纤毫毕现。

5. 欲寄相思千里月：诵读深味之“我是文化传播员”

中央电视台的《经典咏流传》要为朱自清先生的《荷塘月色》做一期节目，邀请你做朗诵嘉宾，导演为“月色下的荷塘”这段文字准备了三段备选配乐，请选择其中一段，有感情地朗诵。

提前截取小提琴曲《思乡曲》、钢琴曲《蓝色的爱》、二胡曲《二泉映月》的开头部分备用，课上逐个播放30秒左右，供学生选择。（如需提示，可从节奏、意境、乐器等角度点拨学生）

配乐朗读,熟读成诵,当堂展示。

6. 豪华落尽见真淳:总结提炼

无论是郁达夫融情入景,对故都“秋味”的深情吟唱,还是朱自清借景抒情,对荷塘月色的生动摹写;无论是大写意的随意点染,还是巧工笔的精描细绘,都散发着无限魅力,让人沉浸其中,凝神静思,感慨不已:美是无处不在的。

据说,阿尔卑斯山谷中有一条大汽车路,两旁景物极美,路上插着一个标语牌劝告游人说:“慢慢走,欣赏啊!”其实,不只外出旅游,我们何时何地不需要用心去感受,睁大双眸去欣赏呢?我们生活在这丰富多彩的世界,不就像在阿尔卑斯山谷中兜风吗?同学们,生活中的美无处不在,让我们一起慢慢走,欣赏啊!

【课例评析】

这节课由两篇课文组元建群,以“景”为中心议题,以“慢慢读,欣赏啊”为阅读主题,采用自主阅读和比较阅读相结合的方式,将单元教学任务和“自然情怀”的人文主题有机融汇,由浅入深,步步推进。主要采用“启发式”教学方式和“以鼓励学生发言为主”的教学策略,在引导学生在完成情境任务的过程中,关注景物、语言、情感、审美等教学内容并将其嵌入其中,毫无斧凿痕迹。整个教学活动都贯彻以学生为主体的教学理念,兼顾了“表达”与“互动”,让学生读、让学生听、让学生感悟与思考,让学生表达与交流,培养学生探究问题的意识、合作学习的能力,激发学生呈现出不一样的精神风貌和语文学习兴趣。

俄罗斯教育心理学的奠基人乌申斯基曾经说过:“比较是一切理想和思维的基础,我们正是通过比较了解世界上的一切的。”群文阅读时,学生往往自觉或不自觉地进行“比较”。这节课强调的比较阅读,并不是漫无目的自由比较,而是设置了“景物选取”“审美情趣”“写作风格”三个比较维度,引导学生有的放矢。从课堂效果来看,既提高了学生的阅读兴趣,提升了学生的语言概括与分析表达能力,也训练了学生的想象和联想思维,强化“语言建构与运用”的同时,注重培养学生“思维发展与提升”“审美鉴赏与创造”“文化传承与理解”等核心素养。

总而言之,教学有情境,学生有体验,学习有收获,这是一节“有声课堂”。朗读有情,品读有味,探究有益,对话有效,学生感受到了语言文字之美、中华文化之美。

（二）群文阅读教学（古代诗文）案例

古诗文里的“遇见”

——《琵琶行并序》《赤壁赋》群文阅读教学设计

【设计说明】

在新课改的背景下，群文教学已成为当下老师们积极探索的教学模式，为了加深学生对文本主旨的把握，让语文课堂体现出“有声音”“有生气”“有生命”的特点，我设计了一堂《琵琶行并序》和《赤壁赋》的群文教学课。生命可以给生命以慰藉，《琵琶行并序》中白居易遇见琵琶女，在悠扬的琵琶曲中两个人互诉愁肠、同病相怜；自然山水可以给生命以启迪，《赤壁赋》中苏轼泛舟赤壁，面对悠悠江水和皎皎明月，作者参透了人生的真谛，从此走入了一个新的生命阶段。生命的起伏总是难免的，处于高光时刻，我们固然可以欣然欢歌，但当我们处在生命的低谷时，如何化解愁绪、劝慰自己，如何在山水自然中得到慰藉，真正走出阴霾，则更值得我们深刻思考。学生正处在人生的关键时期，在文字中触摸那些曾经鲜活的生命，通过品读古人的人生智慧，给自己的生命以滋养和启发。

这节课是《琵琶行并序》和《赤壁赋》群文教学的第二课时，在扫除了文字障碍的基础上，引导学生加深对文本的内蕴的把握，深入体会作者的人生感悟，在此基础之上引导学生获得自己的人生思考。

【教学目标】

1. 比较阅读《琵琶行并序》《赤壁赋》，挖掘文本内蕴，深入体会作者的人生感悟。

2. 读写结合，获得自己的人生思考。

【课时安排】

1 课时（第二课时）

【教学过程】

1. 导入

古往今来有太多的文字，在描写着各种各样的遇见。“蒹葭苍苍，白露为霜。所谓伊人，在水一方”，这是扣动心弦的遇见；“这个妹妹我曾见过的”，这是

宝玉和黛玉之间,欢喜的遇见;“明明如月,何时可掇”,这是曹操满腹忧愁的遇见;“暧暧远人村,依依墟里烟”,这是陶渊明回归田园悠然自得的遇见。

遇见,仿佛是一种神奇的安排,就像白居易遇见琵琶女,苏轼遇见黄州的山水。今天这节课让我们继续走进《琵琶行并序》和《赤壁赋》,去探寻遇见的美妙。

2. 活动一:比较分析两次“遇见”

(1)速读文本,结合具体语句思考,然后小组讨论,完成表格

	《琵琶行并序》	《赤壁赋》
遇见的对象		
遇见的时机		
遇见之前		
遇见之后		

(2)交流探讨,结合文本具体语句分析

预设:这两次遇见有相同也有不同,遇见的对象不同,一个是人一个是自然山水;遇见的时机都是处于人生苦闷失意期,一个是偶然的遇见,一个是主动的接近;遇见之前一个是恬然自安,一个是游历山水;遇见之后一个是泪洒青衫,一个是豁然开朗。

有一种痛叫无人能懂,白居易可能有很多朋友,可未必能感同身受;有一种痛叫无人可说,为什么谪居卧病两年的白居易遇到琵琶女的那一刻,泪洒青衫?琵琶曲触动的是诗人的心弦,让他压抑的情感,内心的愤懑在那一刻化为泪水,彻底爆发。

人和人的相遇就是这么奇妙,萍水相逢、彼此陌生的琵琶女和白居易在相遇的那一刻成了知己,因为他们同病相怜,彼此懂得。

预设:我们不免感慨,相逢成为知己,哪管他曾经是否认识,哪管他姓字名谁,哪管他________,哪管他________,哪管他……(年方几何,来自何方,相貌如何,官至几品,是官是民,是男是女,是人是妖)

或许明天你我各奔天涯,从此相忘于江湖,但此刻你懂我,我懂你,足矣!

这便是知己的难得,古人曾写下这样的诗句:

相识满天下,知心能几人。——(《增广贤文》)

欲取鸣琴弹，恨无知音赏。——（《夏日南亭怀辛大》）

可问题在于，不是谁都有白居易这样的幸运，那我们应该如何排解苦闷？无人可说时还可以跟谁对话呢？

明确：与山水的对话，让苏轼进入了深刻的思考，集中体现在课文第四段。齐读，完成表格。

预设：在与江月相遇的那一刻，苏轼参透了人生的真谛。看淡，释然，与自己和解。启示我们，面对逆境，把眼光放长远一些，把自己看小一些。可以说，这次遇见宣告着苏轼进入了一个新的人生阶段。

余秋雨先生在《苏东坡突围》中对这种人生状态界定为成熟，他这样写道："成熟是一种明亮而不刺眼的光辉，一种圆润而不腻耳的音响，一种不再需要对别人察言观色的从容，一种终于停止向周围申诉求告的大气，一种不理会哄闹的微笑，一种洗刷了偏激的淡漠，一种无须声张的厚实，一种并不陡峭的高度。"

（4）总结表格

	《琵琶行并序》	《赤壁赋》
遇见的对象	知己（琵琶女）	自然（清风、明月、江水）
遇见的时机	（谪居卧病）不期而遇的偶然	（被贬黄州）主动接近的必然
遇见之前	恬然自安	失意苦闷
遇见之后	泪洒青衫，遇见真正的自己	精神突围，与自己和解

（5）小结："遇见"的意义（齐读）

遇见是一次相逢，是一种触动。遇见看似是一次偶然，也许是一种必然。遇见是心灵的契合，是无言的开解。遇见是一次启示，是一丝慰藉。

总结板书：不管是人与人的遇见，还是人与自然的遇见，带给我们的都是心灵的慰藉。

3. 活动二：班级读书交流会

文字虽无声，却是一座桥梁。在文字中，我们遇见了泪洒青衫的白居易，遇见了夜游赤壁的苏轼，或许也遇见了那个内心深处的自己。

今天与两篇文章的"遇见"，引发了你怎样的感悟？写一段发言稿，150 字左右。

学生交流展示。

4. 课堂小结

江边那一曲低吟的琵琶，月下那深沉的思索，都定格成了永恒的绝唱。光阴流转，余韵悠悠，我们的血脉里有了这样美好的文化记忆。而这一切都源自遇见。

在书卷里遇见这些温热的生命，给我们的内心以滋养和启发。漫漫人生路上，有太多的未知，知己可遇而不可求，遇见自己却至关重要。

遇见历史深处人们的慨叹，感恩古诗文里的遇见。

【板书设计】

【课例评析】

这节课是跨单元寻课组群。《琵琶行并序》是白居易写的歌行体，选自统编版高中语文教材必修上册第三单元；《赤壁赋》是苏轼写的赋，选自统编版高中语文教材必修上册第七单元。二者单元主题不同、文体不同、时代不同、风格不同，也缺乏外显的勾连点、比较点。把这两篇课文放在一起进行群文阅读教学，是大胆创新，更是艰巨挑战。

令人眼前一亮的是，这个课例巧妙提炼出“遇见”这一充满诗意、充满韵致、充满生命哲理的议题，以“遇见”结构两篇课文，以“遇见”组织课堂活动，让课堂诗意盎然、深邃幽远、生命勃发。

在本节课上，课前播放歌曲《这世界这么多人》以烘托氛围，让语文课在动人的音乐中拉开序幕，在轻松愉快的氛围中师生交流碰撞。课上，学生围绕老师的问题，积极思考两次遇见的意义，展开讨论，分享观点。在这个过程中，学生加深了对文本内蕴的把握，加深对作者人生感悟的体会。教师引导学生有交流有讨论，有思考有表达，获得自己的生命思考，记录自己的生命感悟。本节课是一节流淌着勃勃生机和生命意识的“有声”语文课。

（三）群文阅读教学（古代散文）案例

品至情至性之言，感至真至纯之情

——《陈情表》《项脊轩志》群文阅读

【设计说明】

《陈情表》和《项脊轩志》是统编版语文教材选择性必修（下册）第三单元的课文，所属任务群是“文学阅读与写作”。这两篇课文是古代抒情散文的扛鼎之作，在教学中我们要立足文本研读，披文入情。这两篇文章有一些共同点——作者都处于人生的低谷，都包含着“孝老爱亲”的价值观，都在字里行间流露出至真至纯的感情；但是，二者在传情艺术方面又有很多不同。本教学设计，重在引导学生从整体悟情，在细处品情，研习“传情”艺术，并学会“传情”，形成完整的思维链条。

【学习目标】

1. 美读文本，体会字里行间的至爱亲情；

2. 精读文本，研习古人的“传情”艺术；

3. 写作练习，让亲情在笔下熠熠生辉。

【课时安排】

1 课时（第二课时）

【教学过程】

1. 导入

孝老爱亲，是我们中华民族重要的文化基因。在母亲节到来之际，高二年级（1）班将举行以“感悟至爱亲情”为主题的读书节系列活动，围绕《陈情表》和《项脊轩志》这两篇文章展开。苏轼曾说，读《陈情表》不下泪者，其人必不孝；姚鼐评价《项脊轩志》，此太仆最胜之文，然亦苦太多。可见，这两篇文章可谓用至性之言，感人至深。本节课，我们就一起来探讨文中至性的真情，以及呈现情感的方法。

2. 诵读文本，品至爱亲情

任务：熟读文本，把握本文折射出来的至爱亲情。

(1)活动一:读书节系列活动之“主持准备”

假如你是本次读书活动的主持人,需要向大家介绍这两篇文章的内容以及表达的情感,请依据文本内容试着概括并且完成表格。

篇目	作者	背景	情感
《陈情表》			
《项脊轩志》			

参考:

篇目	作者	背景	情感
《陈情表》	李密	屡次被征召,辞不就职,皇帝疑心生发;祖母年事已高,卧病在床,需要照料。	与祖母相依为命的“孝”情; 感念皇帝、感恩朝廷的“忠”情; 进退两难的狼狈之情。
《项脊轩志》	归有光	三位亲人离世,家族没落;自己读书“久不效”。	个人书宅生活的惬意; 家庭变迁的无奈; 对三位亲人的真挚情感。

(2)活动二:读书节系列活动之“朗诵比赛”——自古深情最动人

在本次读书节系列活动中,要开展“相约美文,诵读经典”的朗诵活动,请从文中找出能打动你的句子,并且倾情诵读。

要求:①有感情地朗诵自己喜欢的语段,做到声情并茂;

②阐述喜欢的原因,可以从字词、语句、情感等方面谈起;

③以小组为单位,分享交流,并借助评价量规表进行充分讨论、修改;每小组推选一位代表在班级做展示。

语言品味评价量表			
评价要素	自评	小组互评	教师评价
朗读流畅有感情(25 分)			
鉴赏角度清晰,结合文本内容分析(25 分)			
表达有文采,符合文本特点(25 分)			
思路清晰,语言表达流畅(25 分)			
总分　　100 分			

参考：

①“而刘夙婴疾病，常在床蓐，臣侍汤药，未曾废离。”祖母生活不能自理，进入人生晚景，作者是她唯一的感情支柱与生活依靠，于情于理都必须照顾祖母。“未曾”二字写出了作者对祖母的寸步不离，凄楚哀婉，恻然动人，情深有致，感人肺腑。

②“臣欲奉诏奔驰，则刘病日笃；欲苟顺私情，则告诉不许……”作者把自己置于一个实有苦衷、无处可诉的悲凉境地，不知不觉让晋武帝成为自己的倾听者，进一步拉近了上表者和览表者的心理距离。

③“臣生当陨首，死当结草”写出了作者对晋朝的决心。作者没有直说“臣不奉召”，仍然紧扣“孝”字做文章，以“缓行”代替“不行”，以“尽孝”代替“不出”。

④对母亲，写她听到女儿呱呱而泣时以指叩扉的动作和“儿寒乎？欲食乎？”的问话，突现了慈母对儿女衣食的无微不至的关怀，读来如见其人，如闻其声，倍感亲切。

⑤对祖母，写她的“吾儿，久不见若影……”的爱怜的言辞，离去时的喃喃自语，“以手阖门”的动作以及“持一象笏至”等，惟妙惟肖地把老祖母对孙儿的疼爱、期待、赞许、鞭策的复杂感情描写得惟妙惟肖。

⑥对妻子，写她的“时至轩中，从余问古事，或凭几学书”，简洁地表现了少年夫妇相依相爱的情状；写她归宁回来时转述小妹们的充满稚气的问话，不但传神地表现了小妹们的娇憨之态，而且生动地再现了夫妻依依情话的场面。

⑦“庭有枇杷树，吾妻死之年所手植也，今已亭亭如盖矣。”枇杷树本来是无思想感情的静物，但把它的种植时间与妻子逝世之年联系起来，移情于物；在“亭亭如盖”四个字的前面加上“今已”这个时间词，表明时光在推移，静物也显示着动态。物是人非，光阴易逝，情意难忘。由于想念人而触及与人有一定关系的物，便更添了对人的思念；再由对物的联想，又引发对往事的伤怀。于是托物寄情，物我交融，进一步把思念之情深化。

3. 再读文本，悟传情艺术

任务：精读文本，比较《陈情表》和《项脊轩志》不同的传情艺术特色。

活动三：在本次读书节系列活动中，需要展示大家的读书札记。请再次回

归文本，就这两篇文章的传情艺术特色，完成读书札记。

参考：

《陈情表》以叙事来传情。陈情于事，寓理于情。李密本是蜀汉降臣，侍蜀时，出使东吴，立下赫赫大功。西晋初立，正是用人之时，故司马炎多次征招，而李密又不仕。在封建时代，“士不为王者所用，死”。李密是如何处理这两难之事的？出于情，归于理，文章首先陈述个人悲惨遭遇及家庭凄苦，突出祖母与孙的特殊关系，作为陈情的依据。继则写自己愿意奉诏，但又以祖母病日笃，处于狼狈之境，借以博取晋武帝同情。再则打出晋武帝以孝治天下的大旗，恳求准如所请。同时更表明自己心迹，排除了不愿出仕的政治因素。最后提出解决矛盾的方案。全文借绮丽的骈文样式，兼以长短错落的散、偶句，贯以真挚朴素的情感，委婉深沉的语气，字字句句无不倾注着作者用生命血泪铸成的真情。

《项脊轩志》以状物来传情。罗列物事，睹物思人。归有光写本篇的目的是追忆亲人，表达对祖母、母亲和妻子的绵绵深情。文以项脊轩及其周围环境的变迁为经，以与项脊轩有密切联系的往事为纬。善于运用细节场面，以景衬情，如状写项脊轩修葺后庭院的环境：“……小鸟时来啄食，人至不去。三五之夜，明月半墙，桂影斑驳，风移影动，珊珊可爱。”幽雅静谧的气氛，衬出今日的凄凉。……娘以指叩门扉曰：‘儿寒乎？欲食乎？’吾从板外相为应答。”“语未毕，余泣，妪亦泣。”母慈儿孝，跃然纸上。又如写祖母，“以手阖门，自语曰：‘吾家读书久不效，儿之成，则可待乎！”一个轻轻的关门动作，几句喃喃自语，更细致入微地表露了祖母的激动、喜悦和对孙儿的殷切期望。此外，用生活琐事凸现人物，把“亡人”写活，如：“庭有枇杷树，吾妻死之年所手植也。”亭亭枇杷，秋来暑往，睹物思人，怎不黯然销魂！

4. 手写我心，抒心中真情

任务：运用本节课所学到的传情艺术，完成写作任务，并交流展示。

活动四：读书节系列活动之“征文比赛”。（两个主题，可以选其一）

（1）假如你是焦仲卿，听了兰芝的自诉后，你会怎样去和焦母对话来维持爱情和孝道呢？

（2）播放“习近平总书记和妈妈”的视频，捕捉你记忆深处的人和事，写一亲情片段，让亲情在笔下熠熠生辉。

附学生作品：

伏惟阿母抚儿甚厚，余少诵诗书，谙其礼仪；后至于成立，得仕于府，非儿尽其乌鸟之心所能上报。然余常在府，台阁事繁靡不忧劳，事母甚疏，无地自容，惟余妻刘躬亲侍奉，已二三年。儿甫闻阿母怀忿欲相遣归，心绪难平，如注以杂陈五味，实是见其愁煎之迫矣。（感激母亲养育之恩，并陈述自己听闻妻子被遣的悲痛之情，动之以情。）

夫余置身此浩瀚穹宇之间，渺小而只身向远。得以与刘相遇、相识、相交、相知，共拜天地，结发同席，是以缘之所起，亦命之所意。且儿已薄禄之相，幸复得此妇以偕老。儿与妻共事虽未为长久，但享其至情，似获之希冀，如茫茫海夜，当一波兴起，值明月初升，搅清辉于波上，得悟生命之真意，便知一往而情深。（字里行间流露出和妻子恩爱相伴，相敬如宾。）

儿未料妻刘致阿母之不厚，谨代其谢罪。刘欲卒大恩于阿母，恳心侍奉，进止岂敢自专。儿知阿母可载舟胸怀之中，望阿母委屈包容。忆阿母尝以忠孝之理相教，儿铭记于心，定欲尽其孝，亦欲尽其忠。余当作磐石，妇当作蒲苇，蒲苇纫如丝，磐石无转移。儿不羡黄金罍，不羡白玉杯，但羡其以深情共白头。愿乞阿母听儿区区之志，儿不胜涕零感激之情。（代妻道歉，大赞母亲胸怀；对妻忠贞符合母亲教诲，晓之以理，表达自己款款深情。）

5. 课堂小结

亲情如水，使纷繁经过过滤变得纯洁；亲情是诗，使乏味经过修饰到达一种意境。亲情，是生命永久的动力。通过这节课的学习，相信大家对亲情、对生活有了更深的感悟，对表情达意的方式有了更好的理解。感悟亲情，不是一个口号，希望大家在平时的点点滴滴中做到孝老爱亲。

6. 布置作业

亲情是一个永恒的话题，孝老爱亲是中华民族优秀的文化基因。课下阅读相关的书籍，并且写好读书笔记。

推荐阅读：周国平《妞妞：一个父亲的札记》。

【课例评析】

《陈情表》《项脊轩志》两个文本最明显的特点就是“以情动人”，把这两篇文章组元建群，围绕“孝老爱亲”展开教学，无疑是牵住了“牛鼻子”。利用“诵

读文本,品至爱亲情”“再读文本,悟传情艺术”“手写我心,抒心中真情”三个任务,驱动学生学习,使学生在有感情的诵读中让课堂“有声音”,进而“有生气”,最终获得生命感悟,让课堂“有生命”。如果说“品至爱亲情”侧重在诗性体验的丰盈,那么,“悟传情艺术”则体现了智性思维的发展,而“抒心中真情”则是二者的结合,是学生成长的体现。

(四)群文阅读教学(古代诗歌)案例

谁解千古愁,微怀一瓣香

——李清照愁情词品读

【设计说明】

统编版高中语文教材必修上册第三单元第9课选取了李清照的词作《声声慢》。单元导读中提到“要逐步掌握古诗词鉴赏的基本方法”“要在诵读和想象中感受诗歌的意境,欣赏其独特的艺术魅力;感受诗人的精神世界,体会诗人对社会的思考与对人生的感悟”。我抓住其“愁”这一情感特点,对教材内容进行了大胆的筛选整合,采用“1+N”的群文建构方式,挑选了四首词作(前期的《一剪梅》《醉花阴》和后期的《武陵春》《声声慢》),围绕“愁情”展开教学。鉴于当下高中生对于词作的内容和情感往往仅局限于“知道了”“了解了”,很难做到深刻地“感受”和“体悟”。我决定让“诵读”贯穿整个教学过程,使学生在比较诵读中感受李清照的不同愁情,在深情诵读中体会李清照用语之精到手法之高妙,让课堂有声有色、有滋有味起来。

【教学目标】

1. 通过多种形式的朗读,培养学生诵读诗词的兴趣,丰富其情感世界;

2. 品读李清照的愁情词,体味其“愁”的丰富内涵,学习诗词鉴赏的基本手法。

【课时安排】

1课时

【教学过程】

1. 导入新课（约 2 分钟）

同学们，以前学过李清照的哪些诗词啊？

（可齐背最熟悉的一首，如《如梦令》，教师简评）

今天我们再来学习她的另外四首词，感知她的别样情怀。

2. 反复朗读，感知愁情（约 18 分钟）

请同学们用四五分钟的时间大声地自由朗读四首词，用心灵“触摸”李清照充满情感的文字。

同学们有没有发现这四首词有个共同点？

明确：都表达了李清照的“愁”情。我们不妨根据这一“愁”情，给这节课起个名字——谁解千古愁，微怀一瓣香（板书课题）。

请至少四位学生选择自己最有感触的一首词，并单独起立朗读，通过自评、学生评、教师评等方式进行诵读指导。

教师范读《声声慢》，感染学生，体味愁情。

请同学们用两三分钟的时间，有感情地朗读四首词，再次感知她的愁情。

（自由朗读结束后，可让学生齐读他们最爱读的一首词，如《醉花阴》）

同学们刚才读得很动情，我想，不仅是因为掌握了停顿、语速、重音、拖音等朗读技巧，更重要的是对李清照的愁情有了深切体会和独特感受。

3. 品味语言，体会愁情（约 18 分钟）

现在请大家思考一下，四首词表现出的愁情，深、浅、浓、淡是一样的吗？谁愿意谈谈自己的感受？

明确：比较而言，《一剪梅》写的是种“闲愁”，愁情最浅，《醉花阴》愁情稍深，《武陵春》愁情就比较深了，《声声慢》愁情最深——“这次第，怎一个愁字了得！”

如果说，前两首词表现的愁情是切肤之痛（板书“浅”），后两首词则深入骨髓了（板书“深”）。

李清照究竟是为什么而愁呢？请同学们默读 2～3 分钟，品味愁的丰富含义。

谁来说说四首词表现了李清照哪些愁情？可以就一个字、一句话、一首词

来谈，也可以将两首、三首、四首比较谈。

明确：相思之愁、家国之哀、知音逝去之痛、山河破碎之悲、辗转漂泊之苦……（随机板书：家愁、国愁）。另外，老师要引导学生展开想象，进入语境，深入体会这些愁情是如何传达出的。可从炼字、意象、意境、抒情手法等角度思考，并要适时引导学生再次朗读词句，读出新的理解和感悟，读出愁情。

如：《一剪梅》中“此情无计可消除，才下眉头，却上心头”一句，“才”“却”两字用得巧妙，一个起伏，词人所谓的“闲愁”由外在的表情转而深入到内心了，并且无一时一刻中断，表明了相思之切。

《醉花阴》中“佳节又重阳”“半夜凉初透”等句子表明词人的愁情主要因思念丈夫而生，充满了孤独和寂寞。“莫道不消魂，帘卷西风，人比黄花瘦”一句，“西风”这一意象本就给人寒冷之感，一个“卷”字，表明西风之大之猛，更突出了这种萧索的意味。一切景语皆情语，词人心头此时不也如此凄凉落寞吗？紧接着一句“人比黄花瘦”，则运用夸张手法写出了人之憔悴。词人营造的意境十分耐人寻味，我们可以想象当无情的寒风刮过，帷帘被肆虐地掀开时，那个望花兴叹的女子是怎样一副无助、孤寂、憔悴的样子。

《武陵春》中“物是人非”很值得我们揣摩，此时的词人已经经历了丧夫、国破、辗转飘零等种种不幸。一个“倦”字，突出了词人的百无聊赖；一个“先”字，让我们看到了词人还未开口已泪流满面的容颜；一句“只恐双溪舴艋舟，载不动许多愁”化抽象为具体，让我们感到了愁情之重、愁情之多。

《声声慢》全词无一“泪”字，却满纸呜咽。有“梧桐更兼细雨”的借景抒情，也有“这次第，怎一个愁字了得”的直抒胸臆；有“三杯两盏淡酒，怎敌他、晚来风急”这种极力抗拒却无法抗拒的愁苦、悲哀，又有“守着窗儿，独自怎生得黑”这种无聊、无助、无望、无奈的煎熬痛苦。其实仅仅开篇“寻寻觅觅，冷冷清清，凄凄惨惨戚戚”这十四个字就已经让我们陷入了巨大的悲情和痛苦中，让我们情不自禁地去想象当时的情景。李清照，一个曾经“沉醉不知归路”“兴尽晚回舟”“惊起一滩鸥鹭”的天真活泼可爱的少女，可是如今已经不计形象，甚至处于半痴狂状态，那么急切、那么渴盼寻找到什么来聊以慰藉。然而，却一无所获，“冷冷清清”，只落得个“凄凄惨惨戚戚”。这样强烈的愁情，这样无助的人儿，怎么能不猛然间就撞疼了我们的心哪！

4. 深情背诵，深味愁情(约7分钟)

刚才大家谈了很多，李清照的愁情或深或浅，或因相思或因国破。这种种愁情充盈着感伤、孤独、寂寞、痛苦甚至绝望。同学们，让我们在吟诵中深味李清照的愁情！请选一首最有感触的词有感情地背一背。

(前三首分别请三位起来有感情地背诵，最后一首《声声慢》可齐背)

5. 结束语

谁解千古愁，微怀一瓣香。当我们偶尔回望一下千年前的风雨时，总能看见那个立于秋风黄花中寻寻觅觅的女子，总能在她那浓重深沉的愁情和叹息中感悟些什么，收获些什么……

6. 作业：请感兴趣的同学课后写一篇有关这四首词的评论性文章

附李清照词四首：

一剪梅

红藕香残玉簟秋。轻解罗裳，独上兰舟。
云中谁寄锦书来？雁字回时，月满西楼。
花自飘零水自流。一种相思，两处闲愁。
此情无计可消除，才下眉头，却上心头。

醉花阴

薄雾浓云愁永昼，瑞脑消金兽。
佳节又重阳，玉枕纱厨，半夜凉初透。
东篱把酒黄昏后，有暗香盈袖。
莫道不消魂，帘卷西风，人比黄花瘦。

武陵春

风住尘香花已尽，日晚倦梳头。
物是人非事事休，欲语泪先流。
闻说双溪春尚好，也拟泛轻舟。
只恐双溪舴艋舟，载不动许多愁。

声声慢

寻寻觅觅，冷冷清清，凄凄惨惨戚戚。乍暖还寒时候，最难将息。三杯两盏淡酒，怎敌他、晚来风急！雁过也，正伤心，却是旧时相识。

满地黄花堆积，憔悴损，如今有谁堪摘？守着窗儿，独自怎生得黑！梧桐更兼细雨，到黄昏、点点滴滴。这次第，怎一个愁字了得！

【课例评析】

这个课例，体现了群文阅读的广博性和群文学习的精深性，议题的选择也有价值、有意义、有趣味。这节课，从多文本的选取、加工、组元，到学习议题的聚焦、凝练、拓展，整个过程都是紧紧围绕课堂教学的实施而展开的。学生在“沉浸式朗诵”“理解式对话”等课堂活动中感悟着、思考着、收获着、成长着。

从教学设计看，由一首词联系到另外几首词，由《声声慢》联想到“李清照愁情词”，将相关文本结合起来以供探讨，为学生提供较为广博的阅读资源。从教学过程及效果看，比较阅读使得文本比较点更明显，便于学生从多个角度论证观点，在这种立体的、多层次的、自驱动的比较中，更容易展开所拟学习议题的各个侧面，揭示每个文本的情感态度和写作手法，激发学生思维的开放性、灵活性和批判性，不断提升学科素养和学习能力。同时，也更有益于发现群文议题下文本的文字之美，在充满情味的画面中培养其审美发现及语言鉴赏能力。整节课充盈着读书声和交流声，在朗读和对话中，学生要克服情感由平淡贫乏向深情四溢艰难滑行的障碍，经历使用语言精准表达思想的阵痛，发现思维向意识纵深处推进时触及的自我言语盲区，当然也能感受到跨文本、跨时空、自组织的视野融合带来的广阔深邃的思想格局。

二、单篇阅读教学案例

单篇阅读教学是传统语文课堂的主要教学形式，也是符合教师教学习惯的模式。单篇阅读教学的关注点相对明确、集中，它主要是针对教材课文所进行的教师引领下的精读。我们不能武断地认为语文课程改革提出了“学习任务群”等说法，就意味着单篇阅读落后了，要被抛弃了。一般来说，单篇阅读教学有两维走向：一是聚焦文本细节，进行深化阅读；二是扩展阅读范围，增加阅读量。可采取段落精读、比较阅读、链接阅读等形式，这虽然属于传统教学模式，但照样可以由点及面，引导学生把阅读的范围不断扩展。另外，单篇教学在落实语言积累、精读关键字词、理解作者意愿、学习写作技巧等方面有显著优势。在快餐文化风靡的当下，细读课文重要而必要。“细读是语文学习的起点和基础，它不仅能训练学生的阅读能力，而且能够使经典内化，培养学生的思维能力和写作能力。”

在这一部分中，所展示的课题是不同文体的经典之作，课例有明显的“强化口语综合课”的特点。

（一）单篇教学（现代散文）案例

制作郁达夫的文学电子地图

——以《故都的秋》教学设计为例

【设计说明】

《故都的秋》是统编版高中语文教材必修（上册）第七单元的课文，所属任务群是“文学阅读与写作”，其单元主题是“自然情怀”。本文是写景抒情的经典散文，而高一的学生大多喜欢故事性强的作品，对这类写景抒情散文兴趣不足。我以“制作郁达夫的文学电子地图”为情境活动，采用自主阅读、小组交流、课堂展示、提供学习支架等方式，借助“精选语段，让电子地图‘可视’”“精彩朗诵，让电子地图‘可听’”“精心推介，让电子地图‘可感’”等活动任务，激“趣”—促“品”—导“思”—凝“心”，引导学生赏秋景、品秋味、悟秋情。切实促进语言、思维、审美、文化四方面学科核心素养的培育。

【教学目标】

1. 有感情地朗读课文，把握文章主要内容，涵泳品读写景语言，学习以情驭景、借景抒情的写法；

2. 读写结合，体悟故都的秋“清”“静”“悲凉”的特点以及作者对故都的秋的热爱与眷恋，了解其独特的审美情趣，陶冶情操。

【课时安排】

1 课时

【教学过程】

1. 导入

有人说,文学是认识一个国家最重要的地图。郁达夫先生走过祖国的许多地方,留下了脍炙人口的作品。《海南日报》曾发表了一篇文章《郁达夫的文学地图》,但很遗憾,这只是个文字版,并没有真正去制作地图。今天,让我们一起阅读《故都的秋》,尝试制作郁达夫在北京站的文学电子地图!

2. 预习检查:整体感知,为制作地图做准备

(1)请同学们浏览课文,用一句话概括课文的主要内容

如:《故都的秋》重点描写了北国之秋______、______、________、________、________ 五幅图景,突出了故都的秋________________的特点,抒发了______________。

(2)教师梳理发言要点,形成板书,强化学生的整体感知

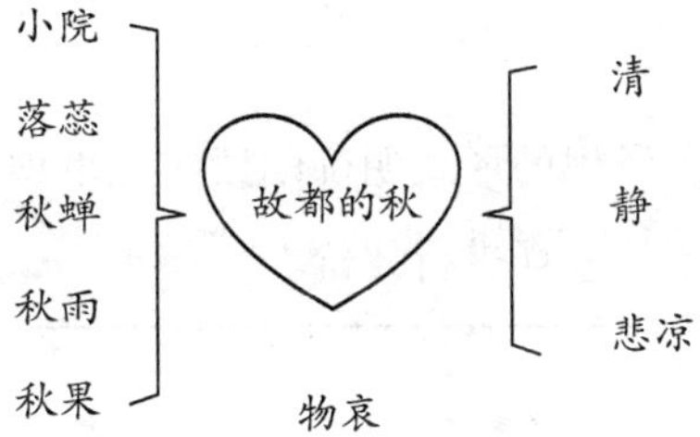

3. 活动任务一:精选语段,让电子地图“可视”

文学电子地图可以呈现精彩语段,如屏幕所示,点击标记符号就能进入查看具体内容。你会选择哪些段落放到地图里呢?

请从五幅图景中,选择你认为最精彩的文段(句),读一读,小组交流,说说理由。

贴心学习小提示:

品“字”:哪些字词用得好?结合语境具体说说。

悟“境”:文段营造了怎样的意境?先概括再描摹。

入“情”:你体会出什么情感?

随着郁达夫细腻的笔触，我们在秋院静观、秋槐落蕊、秋蝉残鸣、秋雨话凉、清秋佳果等图景中，领略到故都秋"清""静""悲凉"的特点。请联系全文思考郁达夫为什么如此深爱故都的秋？

明确：南北国秋天的对比、个人身世遭遇、受传统文化的影响、受日本"物哀美学"影响等。

预设：①川端康成说："'悲哀'这个词同美是相通的。"

②梁实秋说："一个人的人格思想，在散文里绝无掩饰的可能，提起笔便把作者的整个性格纤毫毕露地表现出来。"

③作者对故都的热爱如此真挚、深沉，你能选几句议论抒情的句子读一读，深入品味吗？

（制作电子地图时还可以加上这些抒情议论的文段）

4. 活动任务二：精彩朗诵，让电子地图"可听"

电子地图可以多元形态呈现丰富的信息，不但可视，而且可听。只要点击声音符号（🔈）就能听到相应文段的朗诵。

师：我们准备了三段备选配乐，你认为应该选择哪一段为自己所选的文段配乐？

请尝试配乐朗读，以量规的形式明确朗读注意事项。

班内诵读展示，按评价量规进行评价。

评价等级	★★★★	★★★	★★	★
发音	发音准确、吐字清晰	发音、吐字个别地方不准确	发音、吐字有明显个人习惯	发音不准确、吐字不清晰
语速停顿	语速恰当，停顿正确	语速适中，停顿教正确	语速有时不当，停顿不准确	语速不够合理，停顿不正确
情感	感情充沛，能与听众共鸣	感情有一定的激情，能吸引听众	情绪较好，感情有一定的变化	感情不充沛，无明显情绪变化
表情	表情丰富，大方得体	表情多变，姿态合适	表情单一，无肢体动作	无表情，表情略紧张

（回家后录制音频，放到电子地图上）

5. 活动任务三:精心推介,让电子地图“可感”

我们的电子地图已经有了精彩文段和精彩朗诵,如果鼠标滑过标记,能立即显示一段凝练的推介词,让人愿意点进去看看,愿意读一读这篇文章,我们的文学电子地图就更完美了。

(1)教师示范

郁达夫曾踏足福州,写了《福州的西湖》一文,当鼠标扫到文学电子地图上的福州,立即出现这样一段推介词:

(朗读)幸有你来,山水不孤。在郁达夫眼中,那一汪湖水,一片远山,一城故事,别有一番“楚楚可怜”的滋味。让我们随着郁达夫的笔触,感受多情、细腻的文人的情怀吧!

究竟是怎样的山水,怎样的文字,怎样的情怀?真是令人兴趣盎然,想要一睹为快,一探究竟!

(2)推介词写作

请写一段关于《故都的秋》的推介词,谈谈自己的阅读感受,引发他人的阅读兴趣。(不少于50字)

(3)学生交流展示

6. 课堂小结:完善文学电子地图,做中国文化的传播者

今天,我们通过《故都的秋》来到北京,感受郁达夫对秋味的摹写、对生命诗意的捕捉。其实,郁达夫先生曾用文学足迹丈量祖国东部的大好河山,留下了很多宝贵作品。让我们继续去阅读、去品鉴、去推介,不断完善“郁达夫文学电子地图”,做好中国文化的传播者。

【板书设计】

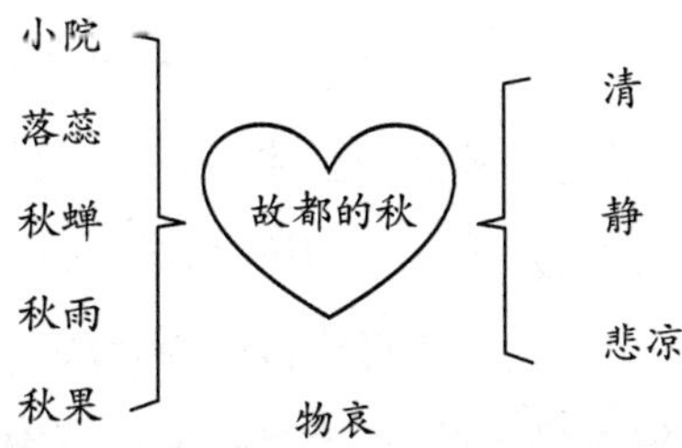

【课例评析】

当代语文教育家程少堂曾说："语文味就是让人体验到的一种富有教学个性与文化气息的，同时又生发思想之快乐与精神之解放的，令人陶醉的诗意美感与自由境界。"这节课就是充满语文味的一节课。

教师巧妙创设情境，以"制作郁达夫的文学电子地图"的三项任务联结课堂内容，引导学生自由徜徉于一字一词中，沉醉于语言之美，领略意境之美，感悟情感之美，点燃思维火花。这节课，不论是"品读""朗读"，还是"荐读"，每一个环节的实施，都有方向提示与评价标准，让学生在有声的探讨与参与中有的放矢，并获得仪式感和成就感，从而增加了鉴赏文本的有声参与度与自信心。可以说是从语言层面沉下去，从情感层面、审美层面浮上来，是基于理解又超越理解的学习，是文学鉴赏美的表现与创造。在这节课上，文本、教师、学生、教学手段等教学要素在动态中形成一种和谐的整体美，这是一节充满语文魅力、张扬生命个性的"有声课堂"。

（二）单篇教学（现代诗歌）案例

涵泳优游《致橡树》，潜移默化修其心

——《致橡树》教学设计

【设计说明】

《致橡树》是诗人舒婷的爱情诗代表作，更是一首新时期女性的爱情宣言。诗人以新的视角，运用象征手法，否定了传统爱情观，肯定了自由平等独立、灵魂相知相依的伟大爱情。其实，不只爱情，在我们的人生中，亲情、友情，与人交往的过程中，又何尝不需要这种独立的个体生命意识呢？

高中生正值青春萌动的美好年华，理性思维也飞速发展，对于爱情已经有了懵懂的向往，对于人生也开始初步形成自己的看法。新课程标准也指出："要培养学生高尚的道德情操和健康的审美情趣，形成正确的价值观和积极的人生态度。"《致橡树》的学习恰逢其时！

这首诗歌的内容看似不难把握，但学生不易理解得深刻透彻，更不要说有

深刻的感悟和体会了。为此，处理这首诗歌时，我主要选择了以读带品的教学策略，拒绝理念灌输，摒弃刻板德育，而是使学生通过有感情的朗读和较为深入的品词析句来把握诗人的情感，体会并赞同其伟大高尚的爱情观，从而受到感染和熏陶，得到生命的滋养，初步树立正确的爱情观、人生观。

【教学目标】

1. 通过分析意象凌霄花、木棉等，把握诗歌内容，理解诗人自主、平等的爱情观；

2. 学会有感情地诵读现代诗歌，在涵泳优游中逐步形成正确的爱情观、人生观。

【课时安排】

1 课时

【教学过程】

1. 导入

激发学生回忆学过的有关爱情的诗句，比如“两情若是久长时，又岂在朝朝暮暮”“在天愿做比翼鸟，在地愿为连理枝”“君当作磐石，妾当作蒲苇。蒲苇纫如丝，磐石无转移”等

（联系旧知，创设情境，营造“有声语文”良好教学生态）

什么样的爱情才是真正的爱情？不同的人会给出不同的回答。今天，我们来学习当代女诗人舒婷的《致橡树》，看看她给我们作出了怎样的回答。

（提出问题，引发思考，为学生形成正确的爱情观埋下一粒种子，同时激发学生学习本诗的兴趣。毕竟，“学问必须合乎自己的兴趣，方才可以得益”）

2. 初读感知

（1）首先请同学们自由朗读这首诗

（学生自由朗读一遍诗歌，老师走动巡视）

（2）请同学试着读一下（学生朗读交流）

①学生起立朗读诗歌，老师请其余同学作出评价。

②交流后，再请一位学生朗读，老师稍做诵读指导。（一旦学生若有所悟，可让其试着再次朗读）

如：如果“甚至日光”这一句处理为昂上调，连贯朗读；“甚至春雨”处理为降抑调，在“甚至”二字后停顿拖音，是不是有种别样的味道？（随即示范朗读）

(3)教师配乐诵读,与学生交流

引导学生:如果我们能够进入到这首诗的“血肉”和“肌理”中去,肯定能读得更动情些。

(好诗首先是感性的,我们应该重视学生的初读体验。这一环节,旨在引导学生用感性和直觉碰触诗歌,从而形成整体感知。教师的范读则意在调动学生读诗的积极性,起到良好的示范性作用)

3. 品读鉴赏

(1)对传统爱情观的品读

①这首诗的两个中心意象分别是谁?

明确:橡树和木棉。这首诗其实是借木棉向橡树告白来表达诗人自己的爱情观。

②诗歌一开始先写了传统的爱情。传统的爱情是什么样的?

提问:哪位同学愿意起来读一读相关诗句,并说一说诗人是通过哪些事物来具体表达这种传统爱情观的?

明确:凌霄花、痴情的鸟儿、泉源、险峰、日光和春雨。

追问:这些事物或者说意象,有怎样的特点呢?它们代表了怎样的爱情观?

明确:诗人笔下的传统爱情大致可分为两种,一是凌霄花这种必须依靠别人而存在的依附型(板书“依附型”);二是鸟儿、泉源等为橡树提供服务的帮助型、奉献型。

(意象是构成诗的生命的细胞,此处,引导学生通过品读意象,思考传统爱情观的本质特征,既准确解读了诗歌内容又为学生形成正确爱情观做了铺垫)

③诗人对这些传统爱情观持什么态度?

明确:否定态度。

哪些词语表达了诗人的否定态度?

明确:绝不像、绝不学、也不止。

我们应该用什么样的语气去读这三个词呢?

学生尝试自由朗读,明确:坚定、热烈。

学生进行朗读展示,老师进行诵读指导。

如从“停顿”和“拖音”两个角度指导学生:在朗读过程中,同学们试图读出坚决的味道来,“绝不像”(模仿学生的读法)使劲读。大家想,如果我们读得特

别有力量,是不是和整首诗的感觉就有点不和谐了?那怎么才能突出这种坚决的味道?强调突出它了,又不那么生硬?(稍做停顿,让学生思考,然后继续点拨)除了音量增大,使劲读这个字,还有别的方法吗?(引导学生不断朗读、品味,语文味浓厚。学生既深入理解了诗人的情感,又在潜移默化中受其影响)

(2)什么是真正的爱情

①诗人否定了传统的爱情观,那么她向往和追求的爱情是什么样的呢?

a. 先请一位同学起来读一读后面这一部分,并作出朗读评价。

b. 诗人追求的理想爱情具体表现在哪些句子里?能不能结合诗句简单分析一下?

(学生思考,发言;老师宏观协调,启发引导)

· 诗句预设

我必须是你近旁的一株木棉,作为树的形象和你站在一起。

我们分担寒潮、风雷、霹雳;我们共享雾霭、流岚、虹霓。

仿佛永远分离,却又终身相依。(根,紧握在地下;叶,相触在云里。)

你有你的铜枝铁干,像刀,像剑,也像戟;

我有我红硕的花朵,像沉重的叹息,又像英勇的火炬。

· 朗读预设

学生很可能过分强调“坚定”的语气,要引导学生明晓这是木棉在向橡树表白。除了坚定,还应该有柔情、深情,木棉对橡树有爱意、自豪和赞美。

若学生朗读时难以投入,老师则应用心创设情境,引导学生想象:两棵树站在一起,根紧握在地下,叶相触在云里,仿佛永远分离,却又终身相依。你能想象出这种美好、温馨、令人感动的场景吗?

(好诗不仅是感性的,还是知性的。引导学生抓住具体的字和词,深入品读,逐渐进入这首诗的血肉和肌理,强化诗性体验,实现言语的学习)

②刚才我们了解了舒婷笔下新女性的形象。现在,请大家思考:诗的最后,她又赋予这种爱情什么新的意义?

明确:舒婷赋予了新的爱情观一种高境界。有共同的追求,有灵魂的相知。不但爱其形体、容貌这些外在的东西,也爱他的事业,爱他精神上的追求、灵魂上的特质。

（激发学生的探究兴趣，积极思维，深入理解诗人伟大高尚的爱情观，以期受到感染和熏陶）

4. 美读深味

大凡好的作品，带给我们的不仅是一点知识的补充，它所馈赠给我们的更多的是心灵的丰富，情感的升华。现在，大家是不是对爱情有了新的认识、新的看法？请同学们再次有感情地朗读课文，一会可以选择自己喜欢的片段起来朗读一下，也可以选择搭档合诵诗歌。

学生们自由朗读诗歌，再次体会情感。

学生进行朗读展示，互相交流学习。

（在涵泳优游中，深味诗歌，让学生进一步体会诗歌的意象美、情感美。创设充满语文味又潜移默化修其心的和谐课堂）

5. 引向深入

（1）课堂小结

这节课我们通过分析意象，理解了舒婷新时期的爱情观，（板书"爱情"）也学习了如何诵读现代诗歌。

现在同学们对于爱情有哪些新的认识和收获呢？谁愿意说一说？

总结：我们若想寻到这种平等独立的、灵魂相知相依的伟大爱情，自己首先应该活成一棵树的样子，努力向上，不断完善自己。其实呢，不只爱情，我觉得在我们的人生中，亲情啊，友情啊，与人交往的过程中，又何尝不需要这种独立的个体生命意识呢？

（对诗歌内容进行总结升华，再次强调新时期爱情中的平等、独立等核心元素，并由此延伸扩展到生活的方方面面，引导学生树立科学的人生观、价值观）

（2）布置作业

课后，请同学们选择意象，写一首小诗表达自己对亲情、爱情或友情的理解。

（让平等、独立、自由的观念深入人心，培养学生独立的个体生命意识，强化正确的爱情观、人生观）

6. 附板书设计

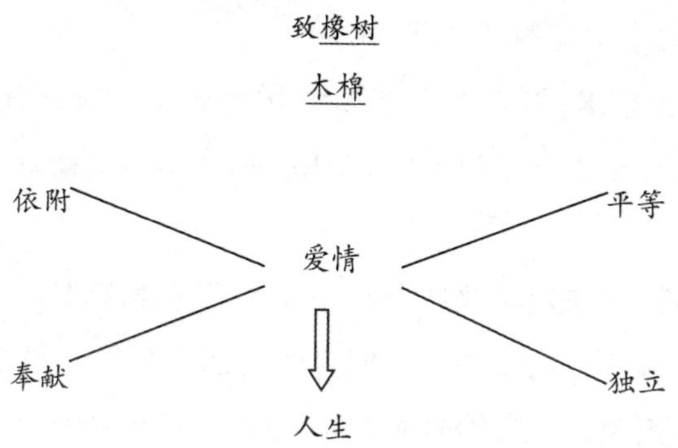

【课例评析】

诗歌，无论古代诗歌还是现代诗歌，都须得涵泳吟诵方可知其情、晓其味、入其境。这节课采用“以读带品”的教学策略，借助“有声输出”带动学生的“无声输入”，科学恰切，体现了“强化口语综合课”的鲜明特点，不但将“有声”写进教学目标，更落实到具体的教学活动中。

整节课注重课堂生态建设。开课伊始便鼓励学生背诵已学诗歌，师生互动的同时，不露痕迹地强化学生自信，营造轻松和谐的课堂氛围。进而，在“沉浸式朗读”“理解式对话”“自由式发言”等充满生机和活力的课堂活动中深入品读语言、体会诗人情感，使学生在深度感悟和思考中，实现诗性体验与智性思维的再生长，不但学习了现代诗歌的诵读，理解了自主、平等的爱情观，有助于促进学生生命的健康发展、完整性发展。

（三）单篇教学（古代戏曲）案例

怎一个“冤”字了得

——《窦娥冤》教学设计

【设计说明】

《窦娥冤》是元代戏曲大师关汉卿的代表作，它深刻地反映了社会现实，塑造了光彩照人的窦娥形象，戏剧冲突尖锐集中、扣人心弦，悲剧魅力经久不衰。统编版高中语文教材必修（下册）第二单元选了《窦娥冤》的第三折为课文。课本节选部分的主要剧情是窦娥被押赴刑场途中指天斥地、诀别婆婆，刑场行刑前立下三桩誓愿且即时应验了两桩。

元杂剧是舞台艺术，更是语言的艺术，因而教学中应有意识地突出或强化人物曲词的品读，让学生真正深入文本，用心感受作品的魅力，以避免出现贯见的“贴标签”现象。

基于以上考虑，我决定对教材内容进行大胆取舍，抓住“人物语言个性化”这一特点，从窦娥在不同情境中与不同人的对话入手展开教学，把诵读作为首要环节，引导学生反复诵读人物曲词甚至当众表演，激发学生兴趣，做到入戏进角，体味情感，把握性格，获得最直接、最真切的感受和认识，从而由一般迁移向普遍迁移转化。

【教学目标】

1. 了解元杂剧的相关常识；

2. 通过品读语言，体会窦娥的情感，分析其性格特点，把握人物形象；

3. 理解主旨，了解元杂剧反映社会现实的功用。

【教学过程】

（课前布置预习：要求学生认真读课文，了解梗概，把握剧情；依据阅读材料自学元杂剧常识，完成学案上的相关题目；课后根据课件内容订正答案，巩固落实）

1. 导入

人蒙冤的时候，经常说一句话：“我比窦娥还冤呢！”你了解窦娥吗？她到底有什么冤屈？

（设计意图：检查预习作业，即是否阅读了课下注释，了解全剧剧情）

2. 整体感知

这篇课文节选的是《窦娥冤》第三折，请学生自由朗读课文，了解课文节选部分的剧情。

能不能用几个词概括为三个场面？（板书：指天斥地——婆媳诀别——刑场立誓）

（设计意图：通过朗读熟悉课文内容，锻炼学生整合信息、语言表达、语言概括等能力）

3. 内容研读

矛盾冲突是戏剧的生命和灵魂,而最能体现戏剧冲突的是戏剧语言。下面就让我们通过品读戏剧语言,揣摩人物情感,分析人物性格,把握人物形象。

请学生浏览课文,看看窦娥在三个场面中和哪些人有过对话。

明确:天地(内心独白)、刽子手、婆婆、监斩官。

戏剧语言是个性化的,窦娥在不同情境中与不同人对话时,表现出不同性格和情感是不同的。请大家选出最能打动你的曲词,有感情地读一读,谈一谈其性格特点。

学生自由朗读,自主思考。

学生起立发言或朗读,其余学生或补充或质疑或展示,教师宏观调控,或抛出问题或从旁引导或进行诵读指导。

师生再朗读、再体味。

(设计意图:注重学生自主探究能力和品读语言素养的提高,让学生通过思考交流和声情并茂地朗读,把握窦娥刚烈、反抗性、善良、孝顺、体贴、勤劳等性格特点,揣摩窦娥指天斥地的“怨”、央求刽子手走后街及诀别婆婆的“悲”、行刑前面对监斩官的“愤”,深刻体会窦娥“委实的冤情不浅”,意识到吏治腐败、社会黑暗是这出悲剧的根源)

主问题:窦娥此时面对的是谁?情感怎样?表现了她什么性格特点?

片段一:刑场立誓(行刑前,面对无心正法的监斩官)

引导预设:

①三桩誓愿是什么?窦娥为什么发出三桩誓愿?表现了她什么性格特点?(板书:刚烈、反抗)

②哪些字句突显了她的刚烈和反抗性?使用了什么修辞手法?效果如何?

③她的情感是怎样的?你能不能试着把窦娥“愤”的情感,把窦娥的反抗性读出来?(板书:愤)

④窦娥的誓愿,天地有没有帮她实现?这部元杂剧的全名是什么?为什么能“感天动地”?

片段二:指天斥地(押赴刑场的路上,面对不分好歹错勘贤愚的天地)

引导预设：

①突出了窦娥什么样的性格特点？从哪些词语看出来的？（板书：善良、反抗）

②读一读你认为最具感染力和震撼力的句子？谈谈该句使用了什么修辞手法？效果如何？

（提示：学生谈到“呼告”手法时，教师可适时引导：这是直抒胸臆的抒情方式，语言和动作的对象性强，表达的感情更强烈、更有感染力。可以趁机让学生想象演员的神态、动作等，并当众表演）

③窦娥此时的情感是怎样的？如何读出这种情感？

（提示：以“语速”和“重音”为诵读指导的切入点，生读的基础上教师可以范读其中几句。板书：怨）

④再次自由朗读“端正好”和“滚绣球”，体味窦娥由“冤”而生的“怨”。

片段三：婆媳诀别（押赴刑场的路上，面对相依为命的婆婆）

引导预设：

①学生读完后，让其谈一谈认为自己读得怎么样或为什么这样读。

（提示：窦娥面对相依为命的婆婆，叮嘱身后事，充满了“悲”情，突出了冤情，自己尚且性命不保还细心安慰婆婆，体现了窦娥孝顺、体贴的性格特点。板书：孝顺、体贴、勤劳等）

②谁能再试着读一读，诠释一下“悲”的情感？

（提示：学生能明白此处是悲伤的情感，但明白和深刻体会大不一样，所以，老师应进行诵读指导，如：四个“念”字，把无辜获罪的冤屈、身首异处的惨象、身世孤苦的可怜、婆媳情深的不舍淋漓尽致地表达出来，我们读的时候，应把这种“冤”“惨”“可怜”“不舍”的意蕴读出来。当然，必要的时候，老师应该运用哭腔等技巧进行范读。老师富有感染力的范读能点燃学生有感情诵读的热情，取得很好的教学效果）

片段四：婆媳诀别（押赴刑场的路上，面对刽子手）

这部分很好理解，让学生谈谈窦娥性格（善良、孝顺），一带而过即可。

4. 总结

鲁迅先生曾说过：“悲剧将人生的有价值的东西毁灭给人看”。在窦娥指斥

天地的冲天怨气中，在她诀别婆婆的如泣如诉中，在她面对无心正法的官吏决绝地发出三桩誓愿的慷慨激昂中，我们仿佛看到了窦娥那美好的形象。然而在当时那黑暗社会中，就是这样一个勤劳、善良、体贴、孝顺的美好女子，却惨遭陷害，被诬陷为杀人凶手，她能不冤吗？她产生怨、悲、愤的情感也正是因为她的冤啊。蒙受了如此千古奇冤，她能不反抗吗？可以说，窦娥之所以让一代又一代的人叹惋、感动，就在于她至死不屈的斗争精神，反抗精神。

在这些叹惋和感动中，我们也感受到关汉卿那悲天悯人的情怀，仿佛触摸到那一缕从心灵深处流泻出来的痛苦。这一缕痛苦的灵魂，回荡在历史的漩涡中，也不断涤荡着我们的情感。下面，请同学们选择一支最能拨动你心弦的曲词，再次声情并茂地朗诵。

（设计意图：回顾内容，总结人物语言个性化的表现。同时，让学生了解元杂剧揭示社会现实的功用，在再次朗诵体味中沉淀情感）

5. 结束语

善良勇毅的窦娥逝去了，但社会在不断发展，时代在不断进步，这更让我们坚定了邪不压正的信念。因此，我想借几句诗和在座的诸位共勉：如果彼岸没有灯塔，那就燃起烛光孤独地护守，微弱的声音也许会被波涛淹没，终有正义会伸出神圣的双手。

6. 作业

学习了这篇课文，我想大家都或多或少有些感触，请以“窦娥，我想对你说”为题，写一段文字。

附板书设计：

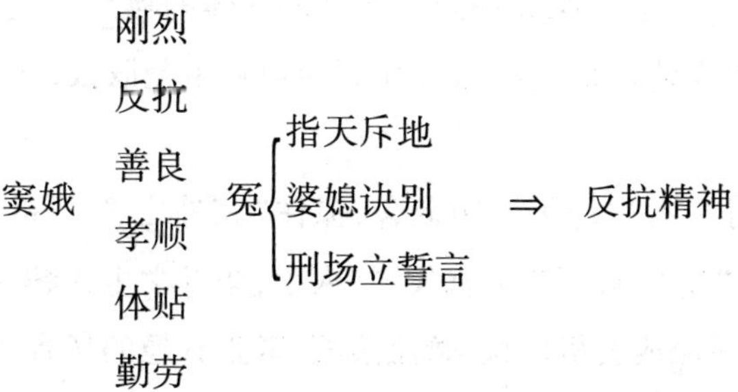

【课例评析】

这节课抓住了元杂剧作为舞台艺术、语言艺术的要义，从窦娥与不同人的对话入手，围绕“人物语言个性化”特点展开教学，抓住最易于抒发人物情感、最能体现人物性格的戏剧曲词进行品读，巧妙灵活，不枝不蔓。教学过程中“演”字当头，学生的当众表演是“演”，学生的深入品读和有感情地朗读也是“演”，而这些都建立在学生对文本的鉴赏和把握上。这节课巧妙运用了“沉浸式朗读”“体验式表演”等课堂活动形态，凸显了戏剧教学的特点，符合戏剧教学的规律。当然，要成功地教授本课，教师必须具备较高的诵读能力或指导诵读的能力。另外，“内容研读”部分，开放性强，需要教师精研教材，有较高的驾驭课堂和调控课堂的能力。

（四）单篇教学（现代戏剧）案例

小切口，大图景

——《雷雨》教学设计

【设计说明】

统编版高中语文教材必修（下册）第二单元选了《雷雨》的第二幕为课文。从课本节选的内容来看，多为周朴园和鲁侍萍的对白。

目前，高中生接触到的文学类文本中，对白大致可以分为两类：功能性的人物对白和艺术化的人物对白。《雷雨》中的对白属于前者，起到叙述事件和刻画人物的作用，是我们揣摩特定情境中的人物心理，把握人物性格，分析文本主要思想内涵的重要依据和途径。但是，现在的学生是在图画和动漫中长大的，这种对白式戏剧很难激发其学习兴趣。像周朴园这种圆形立体的典型人物又难以理解，品读语言不深入必然导致认识人物形象片面和理解主题肤浅，更谈不上语文素养的提高了。

在引导学生学习时，我对文本进行了大胆取舍，抓住“弦外之音”“推动情节”“揭示性格”三个角度，从“潜台词”和“人称代词”入手，激发学生兴趣，指导他们把看似简单枯燥的对白还原成玄机四伏、暗流滚滚、紧张有趣的场景，使其成为主人公或现场观众，通过自主探究、合作互助获得最直接最真切的感受。

【教学目标】

1. 了解故事情节；

2. 品读戏剧语言，揣摩人物心理，分析人物形象。

【教学重点】

分析周朴园和鲁侍萍相遇、相认的语言，分析周朴园的形象。

【教学时数】

1 课时

【教学过程】

（课前布置预习，要求学生认真阅读课文，了解故事梗概，把握故事情节）

1. 导入

歌德说过：“优秀的作品无论你怎样去探测它，都是探不到底的。”无数优秀作品用丰富的形象展现出人性的复杂和美丽。今天我们要学习的《雷雨》就是这样一部作品，它有着悲剧的结局、发自肺腑的人性叩问，吸引我们努力探测，值得我们细细品读。

2. 检查预习情况

请学生浏览课文，用几句话概括故事梗概。（要求点明时间、地点、人物和主要事件）

3. 明确学习任务

矛盾冲突是戏剧的生命和灵魂，而最能体现戏剧冲突的是戏剧语言。下面就让我们通过第一场戏中周朴园与鲁侍萍相遇、相认的语言，来揣摩他们复杂的内心世界，把握周朴园的性格特点。（教学目标：鉴赏戏剧语言，揣摩人物心理，分析周朴园形象）

4. 潜台词探究

曹禺的戏剧语言有三个主要特点：个性化、动作性、隐含潜台词。其中，潜台词即“弦外之音”，指语言除表层意思之外还有含有别的意思。通过潜台词可以窥见人物丰富的内心世界。

片段 1：周朴园 （汗涔涔地）哦。

鲁侍萍 她不是小姐，她是无锡周公馆梅妈的女儿，她叫侍萍。

周朴园 （抬起头来）你姓什么？（言外之意是：你怎么知道得这么多）

鲁侍萍　我姓鲁，老爷。

……

周朴园　（忽然立起）你是谁？（言外之意就是：你怎么知道得这么清楚）

片段2：鲁侍萍　老爷问这些闲事干什么？（她现在与你已经没有关系了）

周朴园　这个人跟我们有点亲戚。

鲁侍萍　亲戚？（根本就无所谓什么亲戚）

周朴园　嗯，——我们想把她的坟墓修一修。

鲁侍萍　哦，——那用不着了。（她没有死）

周朴园　怎么？

鲁侍萍　这个人现在还活着。（她现在就立在你面前）

（通过揣摩"弦外之音"，学生有了新奇的发现，产生了继续探究的欲望）

5. 分析人物语言对情节的推动作用及悲剧产生的原因

请学生浏览集中体现"周朴园与鲁侍萍矛盾冲突"的相关内容，揣摩人物语言与故事情节的关系，注意人称代词的使用，提出疑问或谈谈看法。

学生自主学习，自主研究。

小组内交流，学生各抒己见，互相质疑，互相启发，互相答疑。

小组代表朗读台词并论述观点，其余同学或质疑或补充；老师宏观调控，抛出问题或从旁引导。

片段1：鲁侍萍　哼，我的眼泪早哭干了，我没有委屈，我有的是恨，是悔，是三十年一天一天我自己受的苦。你大概是已经忘了你做的事了！三十年前，过年三十的晚上我生下你的第二个孩子才三天，你为了要赶紧娶那位有钱有门第的小姐，你们逼着我冒着大雪出去，要我离开你们周家的门。

……

鲁侍萍　那是因为周大少爷一帆风顺，现在也是社会上的好人物。可是自从我被你们家赶出来以后，我没有死成，我把我的母亲可给气死了，我亲生的两个孩子你们家里逼着我留在你们家里。

问题设计：

①30 年前鲁侍萍被周家赶走了，她内心对周朴园是怎样一种感情？

明确：是恨，是悔。面对周朴园，鲁侍萍心里有着无限的怨愤。等了三十年，现在总算有了一个机会，鲁当然要尽情地释放心中郁积的怨愤了。所以，周朴园认出她之前，她不断地暗示；相认之后，她就声泪俱下地痛斥周朴园。

②找出相认前侍萍处处设玄机，句句留余地的话语，体会这些语言有什么作用。

片段 1：周朴园　那你走错屋子了。

鲁侍萍　哦。——老爷没有事了？

片段 2：周朴园　哦，很远的，提起来大家都忘了。

鲁侍萍　说不定，也许记得的。

片段 3：周朴园　好，你先下去。让我想一想。

鲁侍萍　老爷，没有事了？（望着朴园，眼泪要涌出）老爷，您那雨衣，我怎么说？

片段 4：鲁侍萍　老爷那种绸衬衣不是一共有五件？您要哪一件？

周朴园　要哪一件？

鲁侍萍　不是有一件，在右袖襟上有个烧破的窟窿，后来用丝线绣成一朵梅花补上的？还有一件，——

明确：a. 这些语言都带有暗示性，说明侍萍希望被认出，希望谈话能继续下去。

b. 从故事情节看，起到了推动故事发展的作用。

③相认后，侍萍满腔怨愤，痛斥周朴园，却多次用到了“你们”二字。“你们”区别于“你”，暗示了什么？

明确：暗示出在鲁侍萍眼里，三十年前那场悲剧的罪魁祸首，并不只是周朴园，还有周家以“老太太”为代表的封建家长。

补充材料：结合时代背景分析，三十年前，光绪二十年，清王朝，封建大家庭下的青年男女不能自由恋爱，对于父母之命，媒妁之言不能违抗。周朴园要娶的是一位有钱、有门第的小姐，她会容许在自己面前有大太太吗？正如曹禺先生本人所说，周朴园对侍萍的感情就像《红楼梦》中贾宝玉对袭人和晴雯的感情，贾宝玉想与同为贵族青年的林妹妹自由结合尚且不能，试想一下，如果宝玉执意非袭人或晴雯不娶，他能如愿吗？所以可以说，当年将鲁侍萍赶出家门，周朴园是有相当大的被迫的成分。对于他最终的绝情，侍萍当然是怀着明显的怨恨的。不过，这几个"你们"中，我们可以清楚地感觉到她对周有一定程度的原谅、宽恕。

6. 探究周朴园性格

问题设计：

①对周朴园存有宽容之心，是不是善良的鲁侍萍被迷惑了，看走了眼呢？周朴园究竟是怎样一个人呢？

片段1：鲁侍萍　这个梅姑娘倒是有一天晚上跳的河，可是不是一个，她手里抱着一个刚生下三天的男孩。听人说她生前是不规矩的。

周朴园　（苦痛）哦！

鲁侍萍　她是个下等人，不很守本分的。听说她跟那时周公馆的少爷有点不清白，生了两个儿子。生了第二个，才过三天，忽然周少爷不要她了，大孩子就放在周公馆，刚生的孩子她抱在怀里，在年三十夜里投河死的。

周朴园　（汗涔涔地）哦。

片段2：周朴园　你——侍萍？（不觉地望望柜上的相片，又望侍萍）

鲁侍萍　朴园，你找侍萍吗？侍萍在这儿。

周朴园　（忽然严厉地）你来干什么？

鲁侍萍　不是我要来的。

周朴园　谁指使你来的？

鲁侍萍　（悲愤）命！不公平的命指使我来的。

周朴园　（冷冷地）三十年的工夫你还是找到这儿来了。

……

周朴园　那么，我们就这样解决了。我叫他下来，你看一看他，以后鲁家的人永远不许再到周家来。

明确：从相认前的文段中找，会分析出周朴园性格中有温情、有良知的一面。

从相认后的文段中找，会分析出周朴园性格中自私、冷酷、残忍的一面。

（学生朗读并分析）周朴园的两句台词，两个“哦”字，很简单，但我们可以感觉到，他此时的内心却并不平静，他知道自己给侍萍造成了伤害。此时，他并未认出鲁侍萍，站在眼前的，只不过是一个下人的母亲，可是，即使是一个“局外人”的客观的讲述，也会让周产生如此强烈的情绪反应，我们可以想见他内心的愧疚与痛苦。如果周只是一个随意玩弄女性的封建纨绔子弟，是不会出现这样的心态和情绪反应的，更何况是30年前的事情。

（学生朗读台词并分析）此时的周朴园很有“理智”，物质利益成为第一考虑，所以，他忽然严厉地质问侍萍到这儿来的目的、企图。当他了解到二人相遇纯粹是邂逅时，他不允许母子相认，只想通过支付金钱的方式来解决和鲁侍萍的恩怨。这些显示了周朴园冷酷无情、心狠手辣的性格特点，同时也表现其作为资本家的本性——认为金钱是万能的。

②周朴园身上既有有温情、有良知的一面，又有冷酷无情、自私自利的一面，可能吗？矛盾吗？

（引起学生思考，有些学生小声地讨论起来）

明确：结合曹禺的话，师生达成一致意见——

在周朴园身上，多情与绝情、温情与冷酷、人情味与铜臭味，时时交织在一起。这才是真实丰满的“圆形”人物，因为人性是复杂丰富的。（大屏幕展示）正如曹禺先生所说：“周朴园也是一个人，不能认为资本家就没有人性。为了钱，故意淹死两千多个小工，这是他的人生；爱他所爱的人，在他生活的圈子里需要感情的温暖，这也是他的人性。”也许，这恰恰是《雷雨》的魅力所在吧！

7. 小结

这节课我们通过品读周朴园与鲁侍萍的语言，揣摩了周朴园复杂的内心世界，了解了他的性格特点。

8. 结束语

“人及其如何生存”这一主题写进《雷雨》，摆在我们面前，已经摆了七十三年。其实，有情人不能终成眷属是一种悲剧，但是，即使有情人终成眷属也可能酝酿新的悲剧。如果周朴园选择了侍萍，他们顶着家庭的压力走在一起，能幸福吗？问题不在于谁制造了悲剧，而在于我们认识到悲剧无处不在、人生并不完满。

《雷雨·序》中这样写道：我用一种悲悯的心情来写剧中人物的争执。我诚恳地祈望着看戏的人们也以一种悲悯的眼来俯视这群地上的人们……

9. 作业

从“老爷”“朴园”等称呼语入手，分析侍萍的心理活动和性格特点。

【课例评析】

《雷雨》(节选)是一篇经典传统课文，该课例设计巧妙，用小切口展现大图景，以“潜台词”和“人称代词”为突破口，通过品读戏剧语言，逐步展开对人物心理和性格的探究。问题设计能激发学生兴趣，引起探究欲望，使整个课堂生机勃勃，讨论热烈而融洽。学习过程中，学生能够认真思考、合作交流、畅所欲言，整个课堂有表达、有倾听、有回应。可以说，大家走进了作品，能和主人公产生强烈共鸣，并通过朗读加分析的方式揣摩人物心理，较为全面科学地掌握了周朴园的复杂性格，从而获得感性和理性的认识，体悟人生的遗憾与无奈，进入文学欣赏的层面。至于侍萍、鲁大海的性格特点都相对简单，以作业的形式让学生自主探究，既节省课堂时间又锻炼学生能力，是种很好的方式。

(五)单篇教学(古代散文)案例

书从疑处翻成悟

——从质疑出发，品《六国论》之妙

山东省济钢高级中学 徐香

【设计说明】

苏洵的《六国论》被收入统编版高中语文教材必修(下册)第八单元“思辨性阅读与表达”学习任务群，本任务群旨在“引导学生学习思辨性阅读和表达，发展实证、推理、批判与发现的能力，增强思维的逻辑性和深刻性，认清事物的本质，辨别是非、善恶、美丑，提高理性思维水平”。本单元的单元导语也强调：要注意领会作者观点及其现实针对性，把握其解决现实问题的理性思维方式，

鉴赏文章的说理艺术,学会在辩证分析与合理推理的基础上进行理性判断,养成大胆质疑、缜密推断的批判性思维习惯。

基于此,我们应着力引导学生的思维走向思辨,引导学生的学习走向深入。本设计以“质疑经典——鉴赏自圆其说的论说艺术——了解文章的现实针对性——领悟作者的忧国情怀”为主线,设置三个任务,让学生在反复诵读、翻译、探究思考、讨论交流中,从“疑处”入手,进一步分析论证的层次和说理技巧,体会作者胸怀社稷的担当精神。从而落实“语言建构与运用”“思维发展与提升”“审美鉴赏与创造”“文化传承与理解”四个语文核心素养,引导学生形成正确的价值观,培养他们勇于担当的使命感,让“有声语文”课堂上回荡着理性的声音,闪耀着智慧的光芒。

【教学目标】

1. 挑战经典:寻找文中与史料不符的可疑之处;

2. 品味经典:领略一切为观点服务的论说艺术;

3. 致敬经典:体悟作者的创作意图和爱国情怀。

【课前准备】

第一课时已经熟读了课文,了解了作者及其写作背景,疏通了文意,梳理了文章的结构。

【课时安排】

1 课时(第二课时)

【教学过程】

1. 导入

有一位名为“古人百咏”的博主,创作了一组歌咏古代名人的七绝,其中一首这样写道(演示文稿展示),请同学们自由朗读:“大器晚成传美名,言兵六国出奇声。三苏共逐文坛耀,不负老泉龙忘情!”

同学们猜一猜,这首诗咏叹的是谁?——苏洵(自号老泉)

“言兵六国出奇声”指的是他的哪篇文章?——《六国论》。

苏洵在《六国论》中发出了怎样的“奇声”呢?让我们继续深入探讨课文。

2. 温故知新

(1)自由朗读全文,回顾课文内容,并翻译重点字词句(见演示文稿)

要求：自主朗读，读准字音、停顿，读通文意，口头翻译。（用时6分钟）

演示文稿提示翻译内容：

六国互丧　不赂者以赂者丧　不能独完　其实亦百倍

思厥先祖父，暴霜露，斩荆棘，以有尺寸之地　强弱胜负已判矣

暴秦之欲无厌　与嬴而不助五国也　义不赂秦　始速祸焉

赵尝五战于秦　后秦击赵者再，李牧连却之　洎牧以谗诛

为国者无使为积威之所劫哉　以事秦之心礼天下之奇才

苟以天下之大，下而从六国破亡之故事，是又在六国下矣。

设计意图：通读巩固文意，为接下来的深入分析打下基础。

(2)了解学习目标

教师过渡：接下来我们深入学习，完成以下目标，请同学们朗读（演示文稿展示）：

1. 挑战经典：寻找文中与史料不符的可疑之处；

2. 品味经典：领略一切为观点服务的论说艺术；

3. 致敬经典：体悟作者的创作意图和爱国情怀。

设计意图：明确目标，把握重点，形成学习预期。

3. 挑战经典

教师过渡：我们刚学过《阿房宫赋》，杜牧说“使六国各爱其人，则足以拒秦”，他认为六国国君不爱惜百姓导致了灭亡。而苏洵认为，六国破灭，“弊在赂秦”。两篇文章各抒己见，孰是孰非呢？类似争议，如果大家仔细揣摩，或许不止这一处。

任务一：仔细阅读图表中提供的两则史料，看看文中有哪些说法与史料不符？

活动要求：按下面表格左侧两列的提示，对比史料和课文，找不同观点，做好标注；然后进行小组交流，成果展示。（用时6分钟）

明确：

<table>
<tr><th>《六国论》的不合理处</th><th>历史事实</th><th>参考史料</th></tr>
<tr><td>(1)灭亡原因：“非兵不利，战不善”“弊在赂秦”“不赂者以赂者丧”</td><td>主观：六国自身国力薄弱(政治、经济、人才、战略战术、地理位置等综合因素)；客观：秦强，大一统趋势。</td><td rowspan="2">非韩、魏、楚之行赂皆愚，而赵、燕、齐之不赂独智，易地则皆然也……本以地之远近递及，非以赂不赂故分先后，亦自然之势也。(清·林云铭《古文析义》卷七)</td></tr>
<tr><td>(2)“是故燕虽小国而后亡，斯用兵之效也”</td><td>燕距秦最远，属于“远交”对象。</td></tr>
<tr><td>(3)燕赵灭亡原因：“以荆卿为计”“洎牧以谗诛”</td><td>夸大个人力量，且至李牧被诛杀、荆轲刺秦王时，燕赵两国早已危如累卵。</td><td rowspan="2">三十五年，秦灭韩。三十七年，秦灭赵。三十八年，燕使荆轲刺秦王，秦王觉，杀轲。明年，秦破燕，燕王亡走辽东。明年，秦灭魏，秦兵次于历下。四十二年，秦灭楚。明年，虏代王嘉，灭燕王喜。四十四年，秦兵击齐。齐王听相后胜计，不战，以兵降秦。秦虏王建，迁之共。遂灭齐为郡。(《史记·田敬仲完世家第十六》)</td></tr>
<tr><td>(4)“且燕赵处秦革灭殆尽之际”</td><td>秦灭六国的顺序是：韩(前230年)、赵(前229—前228年)、魏(前225年)、楚(前226—前223年)、燕(前226—前222年)、齐(前221年)</td></tr>
</table>

设计意图：鼓励学生发现问题，培养其批判性思维习惯。

4. 品味经典

教师过渡：通过对比史料，我们发现了文中有论点片面、论据有违事实、论证失准等纰漏，但本文一直被奉为议论文写作的典范。我想，凭苏洵的才华，他一定不是不了解历史，而是有意为之。

任务二：作者用哪些论说技巧，将有破绽的观点说得令人心服口服？

活动要求：再细读课文，做好圈点，交流补充后进行展示表达，最后诵读品味。（用时16分钟）

明确：

作者出于特定的写作目的，在提出“弊在赂秦”这个观点后，预感到有人会质疑：“六国互丧，率赂秦耶？”于是抢占先机以论敌的口吻设问，并随后用“不赂者以赂者丧。盖失强援，不能独完”化解了怀疑。这种先发制人、自问自答、自立自驳的论证，非常巧妙地掩盖了过分强调外因的思维漏洞。

“较秦之所得，与战胜而得者，其实百倍；诸侯之所亡，与战败而亡者，其实亦百倍。”作者不经丈量和核实，用了夸张手法让读者感受到了“赂秦”的巨大危害。

“思厥先祖父，暴霜露，斩荆棘，以有尺寸之地。子孙视之不甚惜，举以予人，如弃草芥。今日割五城，明日割十城，然后得一夕安寝。起视四境，而秦兵又至矣。”用对比论证，借助想象和细节刻画，生动形象、淋漓尽致地描绘出不肖子孙挥霍祖宗基业的苟且和狼狈相，激发了读者对贿赂求偷生者的不齿。

“古人云：‘以地事秦，犹抱薪救火，薪不尽，火不灭。’”通过引用论证、比喻论证，一语中的，将秦王的贪得无厌写得形象可感，“抱薪救火”之语出现在《战国策·魏三》中：“［孙臣谓魏王曰：‘……以地事秦，譬犹抱薪而救火也。薪不尽，则火不止……’］”也出现在《史记·魏世家第十四》中：“苏代谓魏王曰：‘……且夫以地事秦，譬犹抱薪救火，薪不尽，火不灭。’”苏洵用在此，增强了观点的说服力。

从写作顺序看，作者的安排有匠心。历史课本上认为六国被灭顺序是：韩（前230年）、赵（前228年）、魏（前225年）、楚（前223年）、燕（前222年）、齐（前221年）。而作者则按赂者、中立者、不赂者排序。如第二段先批评了韩、魏、楚三国赂秦致亡，接着将矛头指向最后一个灭亡的齐国，最后谈“义不赂秦”但因唇亡齿寒、智力孤危而亡的燕赵。结论“向使三国各爱其地，齐人勿附于秦，刺客不行，良将犹在”也按此顺序来写。至于赵国，本是第二个被灭的国家，但苏洵说“且燕赵处秦革灭殆尽之际”。让读者产生齐国早于燕赵灭亡的错觉。当然，还有一说是前228年赵国主力被灭后，其后代和旧臣建立的“代国”继续苦撑到前222年才全部被覆灭，即便如此，苏洵在文中提及的也仅是前228年“洎牧以

谗诛,邯郸为郡,惜其用武而不终也”,其意仍在突出“义不赂秦”的重要性。

从用墨多少看,文章四分之三的篇幅写赂者,四分之一的篇幅写不赂者,让“弊在赂秦”的观点更突出。

设计意图:明确论辩的巧妙与否,取决于对材料作何取舍和分析。高超的论证技巧能使观点立得住,立得稳。

5. 致敬经典

任务三:如何看待文学作品对史实的改造?

活动形式:思考、交流。(用时 5 分钟)

明确:文家之笔与史家之笔是有区别的。文学可以夸张,可以想象,可以有形象的细节刻画……文以载道,真实性不是文学的第一要义。

苏洵的文学观是“言当世之要”“施之于今”“有为而作”“言必中当世之过”。

对于苏洵而言,在他生活的时代,“当世之过”是什么?

补充背景:北宋四周敌人环伺,在外交上极度软弱,每年向契丹纳银二十万两,绢三十万匹;向西夏纳银十万两,绢十万匹,茶三万斤。贿赂助长了辽、西夏的气焰,人民负担沉重,国力受损。

小结:北宋统治者求和偷生的做法,与韩、魏、楚的赂秦之举何其相似!但苏洵不能直接批评,只好选取最有利于自己观点的素材,“攻其一点,不及其余”,把所有火力集中在赂秦之弊上,进而实现其借古讽今的目的。

这样,我们觉得文中的纰漏反倒成了其优点,因为它不仅让我们感受到作者高超的写作策略,还领悟到他迫切改变大宋一味求和现状的焦灼情绪及其敢于担当的正义感!

诵读休会感情:

教师过渡:这种焦虑在最后两段再也无法压抑,让我们带着感情朗读,体会作者的焦急与无奈。

诵读方式:自由读—示范读—指导后升格读—齐读。(注意感叹词、标点、直抒胸臆的字眼、语气、语调、节奏、停顿等)(用时 7 分钟)

设计意图:回顾背景,了解创作意图,明确论证的现实针对性,深入感受作者的忧国情怀。

6. 结语

苏洵以家国担当为视野，俯视北宋的处境，使本章有了更高的品格。回看文中的“疑点”，不仅无伤大雅，反而更有力地衬托了作者思维的严密和论辩的高妙，更有力地凸显了作者思想和担当的光芒。为了大宋江山和子民，他拿起笔，勇敢地写下“六国破灭，弊在赂秦”。就北宋的社会处境而言，这，就是基于时代需要发出的理性的声音！

7. 作业

对比另外两篇《六国论》，结合北宋的现实处境，说说你更认同哪种观点，并说明理由。(500 字)

苏洵：“六国破灭，非兵不利，战不善，弊在赂秦。”

苏轼：“吾考之世变，知六国之所以久存，而秦之所以速亡者，盖出于此。不可不察也。”“此”所指代的是“皆天民之秀杰”的“智、勇、辩、力”之人是否得以“区处条别，使各安其处”。

苏辙：“当时之士”“虑患之疏”“见利之浅”“不知天下之势”；“贪疆场尺寸之利，背盟败约，以自相屠灭，秦兵未出，而天下诸侯已自困矣”。

【板书设计】

六国论

苏洵

破绽　技巧　情怀

论证方法

结构安排

细节刻画

详略处理

【案例评析】

这是一个趣味化、活动化、生活化的文言文教学案例，课堂上有读，有说，有思，有情，充满生机和活力。具体表现如下：

首先，课堂气氛活跃，课堂有生气。“学起于思，思源于疑。”开始的“质疑经典”环节，教师鼓励学生为经典找漏洞，唤醒了学生的主体意识，激发了其学习兴趣和参与热情，活跃了学生的思维，并给予学生学习的成就感。这一环节既

培养了学生独立分析材料、筛选信息的能力，又发展了他们理性看问题的批判性思维，有利于培养学生“思维发展与提升”这一语文核心素养。

其次，重视学生的主体地位，学习有声音。一是强调诵读。从课堂一开始的回顾式全文自由朗读，到分析表达技巧时的局部朗读，再到最后体会作者情感时的示范读、指导读、升格读等，诵读方式多样，琅琅的读书声贯穿课堂始终。而且多次诵读都有明确要求，读的收获也有层次：初读熟悉文意、梳理文脉，再读体会论说之妙，三读领悟忧国情怀。学生在诵读中不断思考、品味、理解、体验。二是重视学生交流对话等活动。教师对学习任务有方法指导，如口头翻译、圈点批注、交流讨论、展示表达等，使学习活动在读、写、说、悟中不断切换，充分锻炼了学生的语文实践能力，有助于培养学生“语言建构与运用”这一素养。

再次，重视品格教育，教学内容有生命。本设计从寻找瑕疵入手，领略善辩的表达技巧，而最终落脚点是领悟作者心怀天下的爱国情怀。观点的漏洞，各种说理技巧的苦心经营，归根结底都是为借古讽今的意图服务，至理之言皆承载着至情之语。本设计既培养了学生的审美鉴赏能力，又帮助学生领悟面对议论文时，如何提炼和分析其论据，也步步为营地引领学生看到作者迫切改变时弊的忧虑，潜移默化地激发了学生的使命感和爱国热情，从而发挥了语文的育人功能，提升了学生的生命境界。

另外，通过分析本文的现实针对性，也让学生明白了这样一个道理：有价值的文章一定是有时代感的、有感情投入的！青年一代，要写出有生命的文章，必须关注社会生活，关注现实人生！要追求个体生命的精彩，必须将个人命运与国家命运紧密联系在一起！

四、语言专题教学（修辞）案例

高三复习课的高质量教学是提升高中教育教学质量的重要一环。然而，高三后期的专题复习课相对枯燥，极易出现沉闷乏味的现象。因此，“有声语文”的实施，“有声课堂”的出现就显得更为重要了。

在“有声语文”的视域里，课堂应该是充满鼓励与期待，充满生机与活力的。“每一件成功的事情的背后都一定有一颗热忱的心（爱默生语）。”复习课上，更需要教师的激励、点燃和唤醒，引导学生从主观意识上提高兴趣，外显行动上积极专注。当然，要提高课堂效率，仅靠言语激励是远远不够的，复习课教学还要注重情境设置，让学生饶有趣味地学习；必须强调合作探究的价值，让学生在融洽的氛围中、激烈的讨论中，巩固知识，提升思维。除此之外，复习课上，还要一如既往地重视并激励学生自我表现，“开放式演讲”“自由式发言”“随机式辩论”等课堂活动形态也要成为高三复习课的有机组成部分。当然，高三复习课还应该具有几种基本的教学模式，以保证课堂教学有条不紊、简约高效地进行。此处，提供一节语用专题之“修辞”主观题的复习课例，以供借鉴。

生动灵活出神韵，精雕细琢显神通

——语言运用专题之修辞主观题复习教学设计

【设计说明】

修辞手法是高考考查的重要考点之一，它分布在文学类文本阅读、诗歌鉴赏、语言表达等题型当中。本节课针对语言表达题目中的修辞主观题进行讲解。要想准确赏析修辞手法，首先，要构建起关于修辞手法的知识体系，熟悉各种修辞手法的定义及其表达效果；其次，要在具体文本中动态地赏析它们，进而掌握修辞主观题的答题技巧，最终真正提升理解能力和鉴赏水平。

【教学目标】

1. 准确辨析、运用常见的九种修辞；

2. 分析答题误区，提升答题能力。

【教学过程】

1. 导入

陆机《文赋》有言：“石韫玉而山辉，水怀珠而川媚。”修辞就像是这石中璞玉、水中宝珠。语言因为有了修辞而灵动可爱，文章因为有了修辞而光彩照人。修辞如此重要，在高考试题中，也随处可见它的身影。今天我们就来一起复习语言文字运用专题之修辞手法。

2. 回顾知识，规范答题，提升能力

活动一：我是高考答卷人——辨修辞，明效果。

(1)修辞辨一辨

①树缝里也漏着一两点路灯光,没精打采的,是渴睡人的眼。(《荷塘月色》)

②女人坐在小院当中,手指上缠绞着柔滑修长的苇眉子,苇眉子又薄又细,在她怀里跳跃着。(《荷花淀》)

③但不久,他们竟一同被捕,我的那一本书,又被没收,落在“三道头”之类的手里了。(《为了忘却的记念》)

④在别里科夫这类人的影响下,全城的人战战兢兢地生活了十年到十五年,什么事都怕。(《装在套子里的人》)

⑤浩浩长江水,巍巍黄鹤楼。(《在民族复兴的历史丰碑上——2020 中国抗疫记》)

⑥只要我们仍然保持艰苦奋斗的作风,只要我们团结一致,只要我们坚持人民民主专政和团结国际友人,我们就能在经济战线上迅速地获得胜利。(《中国人民站起来了》)

⑦沉默呵,沉默呵! 不在沉默中爆发,就在沉默中灭亡。(《记念刘和珍君》)

⑧那么,怎么办呢? 我想,首先是不管三七二十一,“拿来”!(《拿来主义》)

⑨明天,火车还要经过,她们还会有一个美妙的一分钟。和它相比,闹点儿小别扭还算回事吗?(《哦,香雪》)

(2)效果连连看

比喻　①用扩大、缩小或超前的方式,表达鲜明的情感和态度

比拟　②凝练概括,富于表现力,有对称美和音韵美

借代　③化平淡为生动,化抽象为具体,化深奥为浅显

夸张　④“人化”或“物化”,增强生动性和形象性,引起情感共鸣

对偶　⑤用相关的事物,引人联想,突出形象

排比　⑥自问自答,引人注意,启发思考

反复　⑦只问不答,答案含在问句中,加强语气,增强气势和说服力

设问　⑧句式整齐,结构匀称;条分缕析,语势强劲;说理严密透彻,抒情酣畅淋漓

反问　　⑨整齐有序，回环起伏，表达强烈情感，充满音韵美

(3)题型考点早知道

语言文字运用——修辞		
试卷	题型	题干要求
2022 全国甲卷	客观题	加点的词语和文中“槐蝉”所用修辞手法不同的一项(借代)
2022 新高考Ⅰ卷	主观题	结合语句分析设问和排比的构成和表达效果
2022 新高考Ⅱ卷	主观题	结合语句分析排比的表达效果
2021 全国甲卷	主观题	结合语句分析拟人的表达效果
2021 新高考Ⅰ卷	主观题	结合语句分析对偶的构成和表达效果
2020 新高考全国卷Ⅰ	主观题	结合语句分析比喻的相似性
2020 新高考全国卷Ⅱ	主观题	结合语句分析比喻的相似性

根据近三年的情况，可以看出这类题主要考查修辞的构成和表达效果。

活动二：我是高考阅卷人——析误区，找对策。

真题重现：

①(2020 新高考山东卷)阅读下面的文字，完成下题。

我决定步行回家，我喜欢走夜路，何况此时夜凉如水。我越过立交桥，走进了二环路西侧人行道。<u>这条环路是北京塞车最严重的道路之一，白天黑夜，红尘万丈，车流缓缓，永远像一条黏稠的河。</u>不知不觉，我发现已经走到了朝阳门立交桥附近。忽然想起朝阳门里北街上有一家专卖门钉肉饼的小店——对，去吃门钉肉饼。

比喻具有相似性，请据此对文中画横线的句子所用比喻进行简要分析。(4 分)

②(2021 年新高考Ⅰ卷语文)阅读下面的文字，完成下题。

欢快的锣鼓敲起来，欢腾的雄狮舞起来。“闹元宵、学‘四史’”文明实践示范活动昨日在市文化艺术中心隆重举行，活动分为“四史”猜谜颂红色文化、非遗展示民俗文化、戏曲联唱扬传统文化三个篇章。民俗与党史彼此交融，传统与现代交相辉映。

元宵线上活动直播间里热闹非凡，一场关于党史知识和传统民俗知识的直播宣讲“圈粉”无数，辖区党员、青年志愿者以及现场观众络绎不绝地进入直播

间,感受节日的欢快气氛。宣讲员平易的话语、幽默的口吻以及宣讲内容十分接地气,导致收看直播的群众既听得进又记得牢。

传统文化展现传统节日,传统节日传承传统文化。剪纸灯谜,描绘城乡风物;秧歌花鼓,传播时代精神。火树银花踏歌行,古风新韵颂文明。一席汁醇味正的文明盛宴,让市民近距离感受到传统文化的深厚魅力和传统节日的浓厚氛围。

文中画线句使用了对偶的修辞,请简要分析其构成和表达效果。(5 分)

③(2022 新高考 I 卷)阅读下面的文字,完成下题。

失败在航天领域的研发过程中是屡见不鲜的。栾恩杰从导弹研究的技术员到中国探月工程首任总指挥,经历过各种各样的失败,大到火箭里面的特殊装置出现问题,小到一个插头插错了,这些失败意味着什么?意味着多少个日夜的辛苦付之一炬,意味着接下来的工作更加艰苦卓绝,意味着你在世界的航天格局中可能突然之间换了赛道,栾恩杰认为:失败也是在给我们上课,当问题一一解决的时候,成功就在我们前面。

文中画横线的句子使用了设问和排比的修辞手法,请结合材料简要分析其表达效果。(4 分)

※课堂活动:

a. 修改订正高考题答案。

b. 给自己打分,分析失分原因。

c. 同位互相打分,商讨应对策略。

分享展示(学生答案略):

第 1 题:审清题目要求,确定答题方向——重审题

第 2 题:明确修辞特点——重积累

重视内容分析——重规范:做题步骤
- 一要明确修辞手法
- 二要解析修辞构成
- 三要分析表达效果
- 天然效果 语境效果

表达要层次清晰——重规范

第3题：分析写作对象，体会情感态度——重语境

活动总结：

失分原因：忽视题干要求，答题不规范；

知识欠缺，未答出修辞的自身效果；

未结合文本内容分析实际效果，或分析不准确、不深入；

不分条，语言缺乏逻辑性

字迹潦草，不易辨认。

解决办法：重积累，重审题，重规范，重语境。

活动三：我是高考出题人——览全局，明方向。

每年夏季，荷花顶着骄阳，争相竞馥。花影入波，恍如朝霞成绮；墨绿的荷叶上，一颗颗水珠像珍珠一样，微风拂过，随着荷叶的摆动在滚动，婆娑婀娜，湖上泛起阵阵绿浪。

没有牡丹的妖艳，没有金菊的清高，没有蜡梅的刚烈，荷花有的是从容不迫的泰然、贫贱不移的气度。雍容华贵的牡丹只可用于观赏，而优雅的荷花却可以入药，可以被制成各种佳肴。莲子粥、莲房脯、莲子粉、藕片夹肉、荷叶蒸肉、荷叶粥等小吃更是举不胜举。

荷花，并不只有这些价值，在中国传统文化中，荷花还能净化人的心灵。周敦颐的《爱莲说》启示人们，荷花真正的清净不在于身，而在于心。故乡的荷花使我能坚持自己的信仰，不浮躁，不急躁。每当想起荷花湖上一片片翠绿欲滴的荷叶，一朵朵洁净无瑕的荷花，我就会联想到陶渊明笔下的世外桃源，联想到高洁的品质，联想到人与人之间真诚友好的关系。“荷”与“和”“合”谐音，“莲”与“联”“连”谐音，荷花可以成为和平、和谐、合作、团结等的象征。崇尚荷花，追求的不正是人与人之间、人与社会之间的和谐相处吗？

①要求

仔细阅读选文，精选具有典型修辞手法的句子，自主命题，并给出参考答案，设置分值及评分标准。

②活动

a. 根据语段，编写一道关于修辞的语言运用题。

b. 小组交流，辨析试题及答案，根据评价量规表打分，选出得分最高的

试题。

c. 展示交流，并说明理由。

评价量规表		
评价要素	自评	互评
选句典型，手法明确。(2分)		
步骤清晰，逻辑严密。(4分)		
用词精当，表述准确。(3分)		
书写认真，字迹工整。(1分)		
总分10分		

3. 结束语

这节课我们复习了九种常见修辞手法的相关知识，分析了失分原因，总结了应对策略，尝试并完成了高考题设计。

在灵活多变的修辞主观题面前，只要我们站在出题人的高度，用阅卷人的标准严格要求自己，做一个踏实勤奋的答卷人，那我们在高考考场上将无往而不胜！

【课例评析】

这节课的主体部分有三项教学活动，分别是“我是高考答卷人”“我是高考阅卷人”“我是高考出题人”，从知识积累、答题策略、命题意识等角度引导学生构建知识网络、规范答题操作、提升思维能力，让学习走向深入，让学生有所收获。三项教学活动，别出心裁，对学生来说，既新鲜又有挑战性，学习兴趣是浓厚的，课堂参与是积极的，学习氛围是融洽的，整个课堂“有声音”“有生气”“有生命”。从教学过程看，教师积极为学生创设“开口”的有利条件，有个别发言、有小组交流。教师灵活运用“自由式发言”“随机式辩论”等活动形态，让所有学生都参与其中，沉浸课堂，学生可以展示自己，可以在不同的交际范围发表观点，与其他人形成思维碰撞，进行反躬自省或视野融合，实现有质量的“输出”和“输入”。从教学效果看，学生的口语表达能力、学科文化积淀、核心素养发展等均有提升，这是一节达成教学目标的优质课，是一节成功的“有声语文”高三专题复习实践课。

五、作文教学案例

作文教学是高中语文教学中绕不开的内容，也是历来存在问题最多的课题。调查研究显示，绝大多数学生对作文不感兴趣，学生常常感到没有东西可写，也存在不会表达、不会运用合适词句等问题。其中，写作的兴趣、动机、态度等是“为何写”的问题，写作内容是“写什么”的问题，写作的方法、技能、策略等是“怎么写”的问题。事实上，这三个问题构成了我国写作教学的核心问题。从中外写作课程的发展轨迹来看，写作教学大致经历着三种“范式转换”：从二十世纪六十年代前的“文章写作”，到七十年代开始的“过程写作”，再到八九十年代酝酿发展的“交际语境写作”。这三种写作课程范式，都引起了当时写作课程与教学的重大变革，但荣维东等教授认为，我国长期以来一直处于“文章写作”阶段，教学中令师生头疼的三大问题没有从根本上得到解决。作文教学改革仍然任重而道远。

近几年，语文高考作文继命题作文、材料作文、话题作文、新材料作文之后，出现了“任务驱动型作文”，这是一种具有真实任务情境的作文形式，具有“交际语境写作”的诸多特点，能在一定程度上激发学生的写作兴趣，兼顾写作内容的规定性和开放性，让学生有话可说。在此，特提供一节有关“任务驱动型作文”的教学课例，呈现“有声语文”在作文教学中的探索。

吸纳权衡类任务驱动型写作入门指导

【教学目标】

1. 充分认识任务驱动型作文的实质和主要特征，能准确识别、辨认任务驱动型作文；

2. 了解任务驱动型写作需要具备的思维和意识，能根据内容、思维、对象、体式等方面的驱动性和规定性，进行正确的写作分析；

3. 掌握任务驱动型作文写作的一般模式和基本思路，避免写作畏难情绪。

【重点分析】

1. 充分认识任务驱动型作文的实质和主要特征；

2. 掌握驱动型作文写作的一般模式和基本思路。

【难点分析】

1. 根据内容、思维、对象、体式等方面的驱动性和规定性，进行正确的写作分析；

2. 掌握任务驱动型作文写作的一般模式和基本思路，消除写作的畏难情绪。

【学情分析】

学生接受过传统议论文的写作指导与训练，但对任务驱动型写作没有科学、理性、深入的认识，常将其与传统议论文写作混为一谈，更有甚者，一头雾水，不知如何下笔。

【教学平台】

1. 已经应用过的平台：学习强国全国学习平台、山东省教育资源公共服务平台、齐鲁壹点、闪电新闻等多个点播平台。

2. 还可以应用的平台：钉钉会议、腾讯会议等。

【教学过程】

1. 导入

今天，我们一起学习有关任务驱动型作文写作的基本内容。

2. 初识任务驱动型作文，学会辨认

(1)屏幕显示两则作文题，进行比较和分析

第一节　示例1：

> 有人说，遵纪守法是和谐社会的基础，法长治，国长安；
>
> 有人说，敬老爱亲是和谐社会的基础，人人亲其亲，长其长，而天下平。
>
> 读完以上材料，你有怎样的思考和感悟？请自定立意，自拟题目，自选文体（诗歌除外），写一篇不少于800字文章。

第二节　示例2：

> (2015 全国Ⅰ卷)阅读下面材料,根据要求写一篇不少于800字的文章。
>
> 因父亲总是在高速路上开车时接电话,家人屡劝不改,女大学生小陈迫于无奈,更出于生命安全的考虑,通过微博私信向警方举报了自己的父亲;警方查实后,依法对老陈进行了教育和处罚,并将这起举报发在官方微博上。此事赢得众多网友点赞,也引发一些质疑,经媒体报道后,激起了更大范围、更多角度的讨论。
>
> 对于以上事情,你怎么看？请给小陈、老陈或其他相关方写一封信,表明你的态度,阐述你的看法。要求综合材料内容及含意,选好角度,确定立意,完成写作任务。明确收信人,统一以“明华”为写信人,不得泄露个人信息。

(2)总结任务驱动型作文的实质和基本特征

①实质。

即让考生带着任务写作文。试图在提供材料引发思考并激起写作欲望的基础上,通过增加任务型指令,着力发挥试题引导写作的功能,增强写作的针对性,使考生在真实情境中辨析关键概念,在多维度比较中说理论证。

②基本特征。

a. 形式上,属于情境性写作

b. 内容上,源自生活的讨论

c. 实质上,带有论辩的色彩

d. 形态上,追求真实的表达

③能力指向:解决问题能力型。即在一个矛盾的问题情境中,考生可以支持一种观点、明确一种途径,以此来解决材料中出现的问题。强调就事论事,缘事说理。

3. 了解任务驱动型作文,学会分析

屏幕显示2019全国Ⅰ卷高考语文题。请学生自由朗读一遍,思考:题目中的任务型指令有哪些呢？

(2019全国Ⅰ卷)“民生在勤，勤则不匮”，劳动是财富的源泉，也是幸福的源泉。“夙兴夜寐，洒扫庭内”，热爱劳动是中华民族的优秀传统，绵延至今。可是现实生活中，也有一些同学不理解劳动，不愿意劳动。有的说：“我们学习这么忙，劳动太占时间了！”有的说：“科技进步这么快，劳动的事，以后可以交给人工智能啊！”也有的说：“劳动这么苦，这么累，干吗非得自己干？花点钱让别人去做好了！”此外，我们身边也还有着一些不尊重劳动的现象。这引起了人们的深思。

请结合材料内容，面向本校(统称“复兴中学”)同学写一篇演讲稿，倡议大家“热爱劳动，从我做起”，体现你的认识与思考，并提出希望与建议。要求：自拟标题，自选角度，确定立意；不要套作，不得抄袭；不得泄露个人信息；不少于800字。

分析作文题目中的任务型指令，明确任务指令类型和需要具备的几种思维、意识。

任务指令内容	任务指令类型	思维、意识
写演讲稿、倡议……体现认识与思考、提出希望与建议	明确的写作任务	辩证思维 (思辨意识)
有的说……有的说……也有的说…… 面向本校同学演讲	虚拟的真实情境	对象意识
本校(统称“复兴中学”)同学	明确的交际对象	
倡议“热爱劳动，从我做起”	明确的交际目的	目的意识
演讲稿	明确的文体要求	文体意识

(1)思辨能力

任务驱动型作文蕴含了大量的新与旧、是与非、能与否、成与败、好与坏、美与不美、该与不该的情境，考生要根据具体情况具体分析，去寻找真理适用的范围和边界；一分为二地看问题，去发现事物的主要矛盾或矛盾的主要方面；想办法透过现象看到事物的本质；通过剖析具体的、个别的案例，去发现和归纳同类问题的共性和规律。

(2)实现思辨的方法：“问以辨之”

①观点辨析：

这个说法能成立吗？(停下来)

有没有相反或例外的情况？（找替代）

如果成立，需要什么条件？（合理化）

②过程辨析：

肯定合理部分——指出谬误所在——分析悖谬原因——揭示谬误本质——进行合理分析——得出严密结论。

4. 掌握任务驱动型写作的基本模式和常见思路，学习写作

（1）基本模式讲解

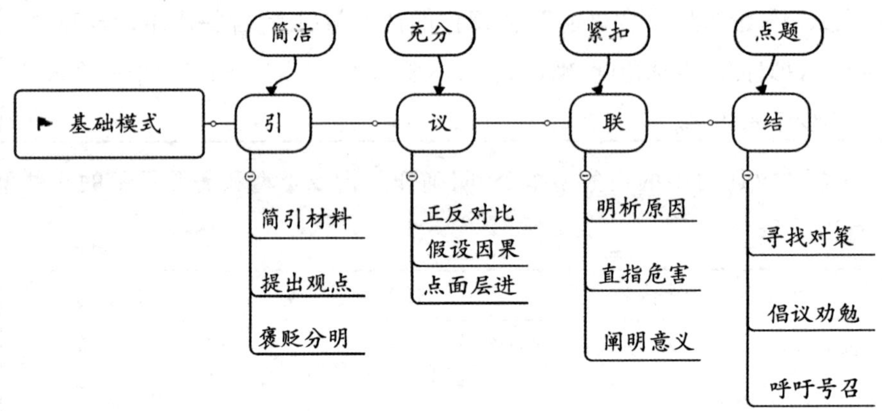

（2）常见思路（任务驱动型写作八步走）介绍

①援引材料，表明观点：有针对性地概述材料，表明立场。

②抛出问题，引发思考：运用问句，紧扣选择对象和角度。

③吸纳权衡，再亮观点：辩证思考，明确观点。

④分析问题，阐明影响：对象行为发生的原因、条件、危害等。

⑤解决问题，提出对策：适当提出一些实际、实用的措施。

⑥自我校准，完善观点：使之严密。

⑦联系类似，适度拓展：联系现实、社会等强化论证；再问一个问题拓宽说理。

⑧回扣事件，总结深化：引用名言，重申观点等。

5. 领会任务驱动型作文的精髓和宗旨

任务驱动型作文，总体上是以厚重感与鲜活性兼具的材料、新颖而灵动的形式，直接而策略地反映时代主题，正面而巧妙地传递价值观念。“一点四面”（立德树人，社会主义核心价值观、依法治国、中国优秀传统文化和创新能力）往往渗透于作文之中，是试题立意的方向。

课后链接：巩固练习，拓展阅读，掌握思路方法。

(原创)任务驱动型作文题目:阅读下面的材料,按要求完成作文。

小学四年级的兰兰想吃冰激凌,就在网上订了外卖。妈妈得知外卖店离家二十多里路,严肃批评了兰兰:“为什么不就近点餐? 这么远的距离,外卖小哥要在炎炎烈日下骑行四十分钟! 什么时候都要记得做一个善良的人。”事情传出后,有人为妈妈点赞,称其教育得对;有人为兰兰叫屈,说妈妈小题大做;还有人认为顾客就是上帝,花钱买服务,天经地义。

对于这件事情,你怎么看? 请结合材料内容,给妈妈、兰兰或其他人写一封信,表明你的态度,阐述你的看法,体现你的认识与思考。要求:自拟标题,自选角度,确定立意;不要套作,不得抄袭;不得泄露个人信息;不少于800字。

(原创)参考范文

善良能成为做事的唯一标准吗?

兰兰妈妈:

您好!

听说,今天您批评了兰兰,责怪她在离家较远的地方点餐,增加了外卖小哥的负担,并教育她做个善良的人。我被您的善良与敏感折服,但对于一个只有四年级的小学生来说,因此而被告诫做一个善良的孩子,潜台词是不是太过严苛了? 况且“善良”,从来就不是做事的唯一标准。

“善良”是指心地纯洁、没有恶意,这是值得倡导的美好品质,但一个善良、有爱心的人,就不能从离家较远的地方点外卖吗? 一个仅仅四年级的小朋友点了这份外卖,就不善良了吗?

不可否认,这件事是个难得的教育契机,但相较于“善良”,孩子更应从中学会“体察”和“尊重”! 如果能引导兰兰意识到外卖小哥的付出,从而学会尊重劳动,欣赏自食其力的劳动者,感恩帮助自己的人,是不是更有价值?

更何况,“子非鱼焉知鱼之乐”? 在本是自愿自主、双向选择的活动中,打着“善良”的旗号,一厢情愿地剥夺他人的劳动机会,又何尝不是一种自我满足式的“伪善”? 当下,社会分工越来越细化,如若一味追求“善良”,不切实际地“体恤”他人,不给别人添“麻烦”,岂不是严重阻碍了社会的发展,时代的进步?

真正的善良是种品质,而非做事标准! 不涉及原则性问题时,“对与错”的标准往往跟立场有关。“己所不欲勿施于人”“己所欲亦勿施于人”,我们该做的是帮助孩子自主生长、创造性地发展,让他们去了解,去体察,去感受,去形成判断，逐渐拥有正确、得体的行为。这样，对于社会，是不是更有价值？对于文明，是不是更有意义？

忽然想到夜间搭乘出租车的事情。因为不属于正常工作时间，车资更高一些，而这不恰恰体现了对劳动的尊重吗？哪里需要为了彰显“善良”，而避免一切夜间出行呢？

社会需要不同时段、不同行业的劳动者。我们追求社会的进步、生活的美好，资源理应为人服务，但如何对待资源、利用资源、彰显资源的价值是我们可以选择并应慎重思考的！是一颗感恩的心，是一笔物有所值的附加费，还是更合理科学的规划与安排？不同的国情，不同的选择；不同的理念，不同的行为！

对于兰兰来说，是可以选择更近的外卖，但我希望孩子是为了减少劳动的无价值耗损，而非仅出于一颗未必适宜、未必被接受的同情心！如果我们能充分尊重劳动的价值和每一个劳动者的付出，社会定能更高效，更文明，更和谐，而善良也一定如影随形！

此致

敬礼！

一位热心的网友
2020 年 7 月 7 日

【课例评析】

在这个课例中，我们发现教师的讲授占了较大比重。课堂依然是“有声”的，但除了学生的自主发言、交流讨论，还有教师的细致讲解、及时点拨、恰当总结，体现出“多边互动”的特点。如果把这节课比作一场交响乐演奏，那么教师无疑是乐团的指挥，或许偶尔还会亲自弹奏钢琴，似乎有“抢镜”之嫌。这种情况下，我们更应理性地去分析、去评判，这位“指挥”是如何排演的，在他的教导下，乐团成员的情绪是不是愉悦的，乐团的水平有没有提高，奏出的乐曲是不是动人心扉。于是，我们发现：教师强化了“自由式发言”和“理解式对话”的运用，没有“填鸭”、没有满堂灌、没有让学生死记硬背，而是引导他们在比较和思考中开悟，在感受和尝试中体验，在多边对话中收获提升。在这样一种写作入门指导课上，学生们脑海中掀起了猛烈的知识风暴、思维飓风，在倾听与表达中，实现了智性思维的再生长。

附　录

附录1　《关于高中语文口语教学情况的调查问卷》

关于高中语文口语教学情况的调查问卷

老师们,这是关于高中阶段语文学科口语教学情况的调查问卷,本问卷是匿名问卷,共11个小题,大约需要5分钟,您的回答对我们的研究非常重要,恳请您如实填写,万分感谢!

·背景信息

性别:□男　　□女

教龄(年):□1－5　□6－10　□11－15　□16－20　□20年以上

教学情况:□我目前正在使用统编版新教材　□我尚未接触统编版新教材

·请选择最能反映您感受或观点的选项

1. 语文口语教学,对高中生来说是很有必要的

□完全同意　□同意　□不知道　□不同意　□完全不同意

2. 您对高中语文课程标准中,学生口语表达能力的相关要求

□十分熟悉　□比较熟悉　□一般　□不太了解　□完全不知道

3. 现行高中语文教材为培养学生口语表达能力提供了充足的教学资源

□完全同意　□同意　□不知道　□不同意　□完全不同意

4. 现行高中语文教材提供口语教学资源适于学生口语表达水平,方便教学

□完全同意　□同意　□不知道　□不同意　□完全不同意

5. 课堂上您注重对话教学,会有意识地创造条件让学生多开口讲话

□总是　□经常　□有时　□很少　□从来没有

6. 学生发言,您比较关注的是(请任选三项)

□流利度　□准确度　□逻辑性　□表现力　□积极性

7. 学生发言(流利度、准确度、逻辑性等)有欠缺,您会及时提醒、纠错或鼓励其再次尝试

□总是　□经常　□有时　□很少　□从来没有

（续表）

8. 语文教学中，提高学生口语表达能力的重要途径有（请任选三项）

□有感情地朗读课文　□演讲　□辩论　□模拟情境交际　□课堂发言

9. 您能有效指导学生进行（可多选）

□有感情地朗读课文　□演讲　□辩论　□模拟情境交际　□课堂发言

10. 学生的口语表达能力与学期初相比有明显进步

□完全同意　□同意　□不知道　□不同意　□完全不同意

· 您对当下高中语文口语教学的意见或建议：

____

____

附录2 《统编版高中语文教材中有关口语训练任务项的梳理》

<table>
<tr><th colspan="5">统编版高中语文教材中有关口语训练任务项的梳理</th></tr>
<tr><th>年级</th><th>册数</th><th>单元</th><th>课题</th><th>内容汇总梳理</th></tr>
<tr><td rowspan="8">高一年级</td><td rowspan="8">《必修(上册)》</td><td rowspan="3">一单元</td><td>1.《沁园春·长沙》</td><td rowspan="3">1. 认真阅读、欣赏这些作品,从你最有感触的一点出发,与同学就“青春的价值”这一话题展开讨论。
2. 选取自己印象最深的一点进行分析并与同学交流。
3. 任选一首诗,有感情地朗读,把你对诗作的理解通过朗读表达出来。同学之间相互点评。</td></tr>
<tr><td>2.《立在地球边上放号》《红烛》《峨日朵雪峰之侧》《致云雀》</td></tr>
<tr><td>3.《百合花》《哦,香雪》</td></tr>
<tr><td rowspan="3">二单元</td><td>4.《喜看稻菽千重浪》《心有一团火,温暖众人心》《“探界者”钟扬》</td><td rowspan="3">1. 从下列话题中任选一个,结合课文具体内容,分组进行专题研讨。
2. 每个小组按照标准评选出一篇优秀新闻作品,合作撰写一份推荐书,阐述推荐理由,与新闻作品一起在全班展示、交流。</td></tr>
<tr><td>5.《以工匠精神雕琢时代品质》</td></tr>
<tr><td>6.《芣苢》《插秧歌》</td></tr>
<tr><td rowspan="2">三单元</td><td>7.《短歌行》《归园田居(其一)》</td><td rowspan="2">1. 从本单元选择一首诗词,查找相关资料,探讨诗作的内涵,思考对你有怎样的启示,与同学交流。</td></tr>
<tr><td>8.《梦游天姥吟留别》《登高》《琵琶行并序》</td></tr>
</table>

（续表）

统编版高中语文教材中有关口语训练任务项的梳理				
年级	册数	单元	课题	内容汇总梳理
高一年级	《必修（上册）》	三单元	9.《念奴娇·赤壁怀古》《永遇乐·京口北固亭怀古》《声声慢》	2. 建议组织一次班级诗歌朗诵会，通过多种形式的朗诵，体会古诗词的音韵美。
		四单元	家乡文化生活	1. 参考活动提示，采访有关人物，了解家乡的人物、历史、习俗等，并收集相关的文献资料和实物资料，写一篇《家乡人物（风物）志》。 2. 参考活动提示，以小组为单位，通过访谈、考察等方式了解家乡的文化生活现状。可以撰写调查报告，也可以制作成演示文稿。
		五单元	整本书阅读《乡土中国》	1. 以小组为单位讨论各篇之间的内在联系，尝试把握这本书的知识体系。 2. 在此基础上，运用多种形式，如制作手抄报、举行演讲、开展辩论、设计网页等，与同学交流。
		六单元	10.《劝学》《师说》	1. 从几篇课文中摘录一些名言警句，谈谈自己的心得体会。 2. 这些场景带给你什么样的感受？你有过哪些难忘的读书经历？跟同学分享一下。
			11.《反对党八股（节选）》	
			12.《拿来主义》	
			13.《读书：目的和前提》《上图书馆》	

（续表）

<table>
<tr><th colspan="5">统编版高中语文教材中有关口语训练任务项的梳理</th></tr>
<tr><th>年级</th><th>册数</th><th>单元</th><th>课题</th><th>内容汇总梳理</th></tr>
<tr><td rowspan="8">高一年级</td><td rowspan="5">《必修(上册)》</td><td rowspan="3">七单元</td><td>14.《故都的秋》《荷塘月色》</td><td rowspan="3">无</td></tr>
<tr><td>15.《我与地坛(节选)》</td></tr>
<tr><td>16.《赤壁赋》《登泰山记》</td></tr>
<tr><td>八单元</td><td>词语积累与词语解释</td><td>1. 写完后与同学交流。
2. 每类中各选五个例子,理解它们的含义,并分别运用它们说一两句。
3. 查找资料,搜集容易理解错误的成语,分小组进行讨论,然后全班交流:这些成语的含义是什么?如何避免误用?
4. 与同学讨论:词语选用如何“最恰当,最合适”?</td></tr>
<tr><td>古诗词诵读</td><td>《静女》《涉江采芙蓉》《虞美人》《鹊桥仙》</td><td>无</td></tr>
<tr><td rowspan="3">《必修(下册)》</td><td rowspan="3">一单元</td><td>1.《子路、曾皙、冉有、公西华侍座》《齐桓晋文之事》《庖丁解牛》</td><td rowspan="3">1. 从这三篇文章中任选一篇,找出并分析文中的重要观点,进而深入理解全文。把自己的思考写出来,与同学讨论。
2.《子路、曾皙、冉有、公西华侍座》和《齐桓晋文之事》展现了儒家对人生价值和理想社会的追求。阅读这两篇文章,思考这些追求的意义,同学之间展开交流。</td></tr>
<tr><td>2.《烛之武退秦师》</td></tr>
<tr><td>3.《鸿门宴》</td></tr>
</table>

（续表）

<table>
<tr><th colspan="5">统编版高中语文教材中有关口语训练任务项的梳理</th></tr>
<tr><th>年级</th><th>册数</th><th>单元</th><th>课题</th><th>内容汇总梳理</th></tr>
<tr><td rowspan="7">高一年级</td><td rowspan="7">《必修（下册）》</td><td rowspan="3">二单元</td><td>4.《窦娥冤（节选）》</td><td rowspan="3">1. 阅读本单元的课文，看看这些悲剧故事毁灭了哪些“有价值的东西”，并以悲悯的情怀看待悲剧人物的命运，认识良知的不朽价值，感受悲剧作品震撼人心的力量，与同学分享你的阅读体验。
2. 从本单元的《雷雨》选段和《哈姆莱特》选段中任选其一，参考以下步骤，在班上组织演出。
步骤：集体讨论，形成演出本；进行排演，准备演出；正式演出，评议总结。
3. 在阅读、观看的基础上，从故事情节、角色安排、演出形式以及剧作中渗透的民族审美心理等方面，谈谈你对传统戏曲的认识。</td></tr>
<tr><td>5.《雷雨（节选）》</td></tr>
<tr><td>6.《哈姆莱特（节选）》</td></tr>
<tr><td rowspan="3">三单元</td><td>7.《青蒿素：人类征服疾病的一小步》《一名物理学家的教育历程》</td><td rowspan="3">1. 细读本单元课文，想想其中包含的科学思维方式带给你哪些启发，与同学交流。
2. 细读《中国建筑的特征》和《说“木叶”》，选择其中一篇，从中找出主要概念，用一段话或一个图表揭示这些概念之间的关系，说说文章是怎样围绕这些概念进行阐说的。</td></tr>
<tr><td>8.《中国建筑的特征》</td></tr>
<tr><td>9.《说“木叶”》</td></tr>
<tr><td>四单元</td><td>信息时代的语文生活</td><td>辨识媒介信息：1. 每名同学举一个虚假信息被揭穿的例子；2. 每名同学举一个自己辨识虚假信息的例子；3. 小组讨论可以从哪些信息源获得真实可靠的信息。</td></tr>
</table>

（续表）

统编版高中语文教材中有关口语训练任务项的梳理				
年级	册数	单元	课题	内容汇总梳理
高一年级	《必修（下册）》	五单元	10.《在〈人民报〉创刊纪念会上的演说》《在马克思墓前的讲话》	联系当下社会生活，以《我们的使命》为题目写一篇不少于800字的演讲稿。
			11.《谏逐客书》《与妻书》	
		六单元	12.《祝福》	1. 认真阅读本单元小说，分小组概括各篇小说中社会环境的特点，并结合具体内容分析社会环境对人物命运的影响，在全班交流。 2. 本单元的小说中还有一些这样的突发事件，试着找出来，并和同学探讨这些事件在小说中的作用。
			13.《林教头风雪山神庙》《装在套子里的人》	
			14.《促织》《变形记（节选）》	
		七单元	整本书阅读《红楼梦》	1. 细读《红楼梦》中描写某个人物的相关段落，分小组讨论人物性格的多样性和复杂性。 2. 组织班级"《红楼梦》诗词朗诵鉴赏会"。
		八单元	15.《谏太宗十思疏》《答司马谏议书》	1. 认真阅读本单元课文，感受作者忧国忧民的情怀。围绕"责任与担当"的话题，小组选定一个议题，各自准备发言提纲，召开一次专题讨论会。 2. 你认为他们二人谁的观点更有道理？全班同学分为两个小组进行辩论。 3. 结合课文谈谈你从这两段文字中读出来怎样的"理性的声音"。
			16.《阿房宫赋》《六国论》	
		古诗词诵读	《登岳阳楼》《桂枝香·金陵怀古》《念奴娇·过洞庭》《游园（【皂罗袍】）》	无

（续表）

<table>
<tr><th colspan="5">统编版高中语文教材中有关口语训练任务项的梳理</th></tr>
<tr><th>年级</th><th>册数</th><th>单元</th><th>课题</th><th>内容汇总梳理</th></tr>
<tr><td rowspan="13">高二年级</td><td rowspan="13">《选择性必修（上册）》</td><td rowspan="4">一单元</td><td>1.《中国人民站起来了》</td><td rowspan="4">1. 阅读课文，说说文中是如何展示这些优秀品质的，分组讨论当下阅读优秀革命文化作品的意义。
2. 朗读全文，体会这些词语和句式的表达效果。
3. 体会作者是如何将感情抒发与理性表达结合在一起的，进行小组研讨。</td></tr>
<tr><td>2.《长征胜利万岁》《大战中的插曲》</td></tr>
<tr><td>3.《别了，“不列颠尼亚”》《县委书记的榜样——焦裕禄》</td></tr>
<tr><td>4. 在民族复兴的历史丰碑上——2020 中国抗疫记</td></tr>
<tr><td rowspan="3">二单元</td><td>5.《〈论语〉十二章》《大学之道》《人皆有不忍人之心》</td><td rowspan="3">1. 梳理本单元各篇课文所讲的立身处世的道理，并思考他们在当今社会生活中的现实意义，展开讨论。
2. 结合课文，联系你的语文学习经验，同学间相互交流。</td></tr>
<tr><td>6.《〈老子〉四章》《五石之瓠》</td></tr>
<tr><td>7.《兼爱》</td></tr>
<tr><td rowspan="4">三单元</td><td>8.《大卫・科波菲尔（节选）》</td><td rowspan="4">全班同学分组，各选一篇课文，分析其中的环境描写，理解其复杂意蕴，同学之间相互交流。</td></tr>
<tr><td>9.《复活（节选）》</td></tr>
<tr><td>10.《老人与海（节选）》</td></tr>
<tr><td>11.《百年孤独（节选）》</td></tr>
<tr><td>四单元</td><td>逻辑的力量</td><td>以小组为单位开展班级辩论赛，在辩论中体会逻辑的力量。</td></tr>
<tr><td>古诗词诵读</td><td>《无衣》《春江花月夜》《将进酒》《江城子・乙卯正月二十日夜记梦》</td><td>无</td></tr>
</table>

（续表）

<table>
<tr><th colspan="5">统编版高中语文教材中有关口语训练任务项的梳理</th></tr>
<tr><th>年级</th><th>册数</th><th>单元</th><th>课题</th><th>内容汇总梳理</th></tr>
<tr><td rowspan="14">高二年级</td><td rowspan="14">《选择性必修（中册）》</td><td rowspan="5">一单元</td><td>1.《社会历史的决定性基础》</td><td rowspan="5">1. 结合课文的阅读，联系材料和自己的生活经验，谈谈你对人性的理解，或谈谈做人应当遵循的基本原则。
2. 可以根据不同观点组成两个小组展开辩论。
3. 从所给任务中任选一项完成，并与同学交流。</td></tr>
<tr><td>2.《改造我们的学习》《人的正确思想是从哪里来的?》</td></tr>
<tr><td>3.《实践是检验真理的唯一标准》</td></tr>
<tr><td>4.《修辞立其诚》《怜悯是人的天性》</td></tr>
<tr><td>5.《人应当坚持正义》</td></tr>
<tr><td rowspan="3">二单元</td><td>6.《记念刘和珍君》《为了忘却的记念》</td><td rowspan="3">1. 在阅读课文的基础上分组讨论：新时代的青年应该如何继承和发扬革命传统?
2. 认真阅读这几篇文章，用旁批的形式就这些方面作一些评点，与小组同学交流后，合作整理一个“批注本”，在班上展示。
3. 选择你最喜欢的一个人物形象，分析其性格特征，并结合作品的时代背景和小说中的社会环境，说说人物的典型性体现在哪里。</td></tr>
<tr><td>7.《包身工》</td></tr>
<tr><td>8.《荷花淀》《小二黑结婚（节选）》《党费》</td></tr>
<tr><td rowspan="3">三单元</td><td>9.《屈原列传》</td><td rowspan="3">从课文涉及的主要历史人物中选择一位，谈谈你对他的认识和评价，以及从他身上汲取的精神力量或获得的经验教训。先整理一份发言提纲，然后在讨论会上发言。</td></tr>
<tr><td>10.《苏武传》</td></tr>
<tr><td>11.《过秦论》《五代史伶官传序》</td></tr>
<tr><td rowspan="2">四单元</td><td>12.《玩偶之家（节选）》</td><td rowspan="2">1. 阅读课文，梳理主要的矛盾冲突，说说娜拉为什么坚持“出走”；再结合当时的时代背景，与同学讨论娜拉出走的社会意义。
2. 反复朗读这几首诗，体会不同体式带来的不同审美感受。</td></tr>
<tr><td>13.《迷娘（之一）》《致大海》《自己之歌（节选）》《树和天空》</td></tr>
<tr><td>古诗词诵读</td><td>《燕歌行并序》《李凭箜篌引》《锦瑟》《书愤》</td><td>无</td></tr>
</table>

（续表）

统编版高中语文教材中有关口语训练任务项的梳理				
年级	册数	单元	课题	内容汇总梳理
高二年级	《选择性必修（下册）》	一单元	1.《氓》《离骚（节选）》	以“今天，我们为什么读古诗词”为主题，举办一次班级研讨会。
			2.《孔雀东南飞并序》	
			3.《蜀道难》《蜀相》	
			4.《望海潮（东南形胜）》《扬州慢（淮左名都）》	
		二单元	5.《阿Q正传（节选）》《边城（节选）》	1. 围绕“说不尽的阿Q”这个话题，形成自己的看法，与同学讨论。 2. 然后以《〈边城〉中的“矛盾”》为题，写一个发言提纲，在班级或者小组内交流。 3. 从所给任务中任选一项，在老师指导下举办一次“现当代文学读书研讨会”。
			6.《大堰河——我的保姆》《再别康桥》	
			7.《一个消逝了的山村》《秦腔》	
			8.《茶馆（节选）》	
		三单元	9.《陈情表》《项脊轩志》	1. 小组讨论，探究这些文化观念在当今社会的价值。 2. 各小组互相展示自己的学习成果，进行讨论。 3. 从本单元所选的古代散文中选择一篇，诗作评点，并与同学交流。
			10.《兰亭集序》《归去来兮辞并序》	
			11.《种树郭橐驼传》	
			12.《石钟山记》	
		四单元	13.《自然选择的证明》《宇宙的边疆》	阅读这一类论著，应当掌握哪些基本的方法？与同学讨论，交流心得。
			14.《天文学上的旷世之争》	
		古诗词诵读	《拟行路难（其四）》《客至》《登快阁》《临安春雨初霁》	无

附录3　《统编版高中语文教材"单元学习(研习)任务"汇编》

统编版高中语文教材"单元学习(研习)任务"汇编			
年级	册数	单元	单元学习(研习)任务
高一年级	《必修(上册)》	第一单元	学写诗歌
		第二单元	写人要关注事例和细节
		第三单元	学写文学短评
		第四单元	《调查的技术》《访谈法》《节日与文化》
		第五单元	无
		第六单元	议论要有针对性
		第七单元	如何做到情景交融
		第八单元	《语言的演变》《词义》《资料摘编一组》
		古诗词诵读	《静女》《涉江采芙蓉》《虞美人》《鹊桥仙》
	《必修(下册)》	第一单元	如何阐述自己的观点
		第二单元	无
		第三单元	如何清晰地说明事理
		第四单元	《不同媒介的语言特征与网络语言的发展》 《传播媒介变迁的社会影响》 《涵养媒介素质,才有最美和声》
		第五单元	写演讲稿
		第六单元	叙事要引人入胜
		第七单元	学写综述
		第八单元	如何论证
		古诗词诵读	《登岳阳楼》《桂枝香·金陵怀古》 《念奴娇·过洞庭》《游园(皂罗袍)》
高二年级	《选择性必修(上册)》	第一单元	材料的积累与运用
		第二单元	审题与立意
		第三单元	学写小小说
		第四单元	无
		古诗词诵读	《无衣》《春江花月夜》《将进酒》 《江城子·乙卯正月二十日夜记梦》

（续表）

统编版高中语文教材“单元学习（研习）任务”汇编			
年级	册数	单元	单元学习（研习）任务
高二年级	《选择性必修（中册）》	第一单元	深化理性思考
		第二单元	无
		第三单元	无
		第四单元	学写申论
		古诗词诵读	《燕歌行并序》《李凭箜篌引》《锦瑟》《书愤》
	《选择性必修（下册）》	第一单元	无
		第二单元	语言的锤炼
		第三单元	说真话，抒真情
		第四单元	文章修改
		古诗词诵读	《拟行路难》《客至》《登快阁》《临安春雨初霁》

附录4　《基于语言建构与运用能力培养的高中语文口语教学》课程开发与设计

(1)高中两年语文口语教学课程的目标设定与分解

能力素质(目标)	行为表现	使能目标
充分认识口语表达在学习、生活中的重要性	1. 清晰地阐述什么是口语表达 2. 深刻地领悟到口语表达对学习发展和日常生活的重要意义 3. 愿意尝试进行有关口语表达的学习与实践	1.1.1　理解语言表达的内容和作用 1.1.2　区分书面表达与口语表达 1.1.3　理解口语表达的定义 1.1.4　明晓口语表达的常见形式 1.2.1　了解当下高中生的口语表达现状 1.2.2　理解21世纪关键能力之沟通能力的素质要求 1.2.3　理解口语表达的实质与作用 1.2.4　理解语言、思维、学习力三者之间的关系 1.2.5　理解语言、思维、幸福力三者之间的关系 1.3.1　有意识地去关注口语表达引发的生活现象 1.3.2　有意识地去学习口语表达的内容 1.3.3　提出参加口语活动的想法和计划
了解对高中生口语表达能力的素质要求	1. 理解《普通高中语文课程标准(2017年版2020年修订)》中有关口语表达能力培养的指导思想	2.1.1　准确说出《普通高中语文课程标准(2017年版2020年修订)》中提到的口语表达的常见形式

（续表）

能力素质(目标)	行为表现	使能目标
了解对高中生口语表达能力的素质要求	2. 知晓《普通高中语文课程标准(2017 年版 2020 年修订)》对高中生口语表达能力的评价要求 3. 了解 21 世纪关键能力中沟通能力的素质要求	2.1.2　理解口语表达的实质与作用 2.2.1　了解问卷、观察、测试、文本分析等评价工具 2.2.2　理解评价工具与方法及其适合的评价内容 2.2.3　准确说出《普通高中语文课程标准(2017 年版 2020 年修订)》对口语表达能力的相应要求 2.3.1　了解 21 世纪关键能力的内容及分类 2.3.2　了解 21 世纪关键能力中沟通能力的评价标准
掌握演讲、朗诵、辩论、情境交际等口语表达形式的基本要点	1. 掌握演讲的基本要点 2. 掌握朗诵的基本要点 3. 掌握辩论的基本要点 4. 掌握情境交际的基本要点	3.1.1　理解演讲的概念 3.1.2　了解演讲的标准和要求 3.1.3　掌握写好演讲稿的方法和技巧(选题艺术、选材艺术、组织艺术) 3.1.4　掌握演讲的方法和技巧(音、情、技) 3.1.5　进行模拟演讲练习,表现符合预期 3.2.1　理解朗诵的概念 3.2.2　了解朗诵的标准和要求 3.2.3　会选择适合自己朗读特色的朗诵稿 3.2.4　会选择适合作品的配乐 3.2.5　掌握朗诵的方法和技巧(音、情、技) 3.2.6　进行有感情的朗读展示 3.3.1　理解辩论的概念 3.3.2　掌握辩论赛的规则和礼仪 3.3.3　掌握辩论的方法和技巧 3.3.4　参加模拟辩论赛,表现符合预期 3.4.1　了解情境交际的特点和目标 3.4.2　明晓情境交际的常见方式 3.4.3　熟练运用情境交际的方法和策略

（续表）

<table>
<tr><th>能力素质(目标)</th><th>行为表现</th><th>使能目标</th></tr>
<tr><td>根据对象、场合、目的等,确定适切的口语交流内容和形式,进行无碍表达</td><td>1. 把握各种口语表达形式的异同及适用场合
2. 熟练运用各种口语表达形式的方法、技巧
3. 进行自如、得体的口语交际</td><td>4.1.1 阐明演讲的概念和要求
4.1.2 阐明朗诵的概念和要求
4.1.3 阐明辩论的概念、规则和要求
4.1.4 阐明情境交际的目的和要求
4.1.5 区分演讲、朗诵、辩论、情境交际的异同
4.1.6 分析交际对象和场合的特点,明晰交际目的
4.2.1 掌握演讲的方法和技巧
4.2.2 掌握朗诵的方法和技巧
4.2.3 掌握辩论的方法和技巧
4.2.4 掌握情境交际的方法和策略
4.3.1 参加口语交流社团
4.3.2 定期进行口语训练等实践活动</td></tr>
<tr><td>体会到演讲、朗诵、辩论等口语表达形式的魅力,并愿意持续提高口语表达能力</td><td>1. 描述参加口语训练活动的感受
2. 实例证明参加“口语”课程提高了口头表达能力
3. 愿意克服困难,不断学习并积极改进自己的口语表达能力</td><td>5.1.1 深刻阐明演讲的说服力
5.1.2 生动描述朗诵的感染力
5.1.3 严密剖析辩论的思辨力
5.1.4 形象再现情境交际的生动性
5.2.1 熟悉问卷、观察、测试、文本分析等评价工具及其测评方式
5.2.2 对比参与前后测查,用实例来证明自己的口语表达能力得到了显著提高
5.3.1 反思学习过程中自己的进步,交流实践过程中的困难点
5.3.2 制定参加口语训练的科学规划,积极实践,综合运用口语知识,提高口语表达水平
5.3.3 积极参加口语训练和展示,重视口语比赛的机会
5.3.4 主动参与和组织口语知识的宣传和推广</td></tr>
</table>

（续表）

能力素质(目标)	行为表现	使能目标
在各种口语表达体验中，逐渐树立自信，形成良好的交流、合作能力	1. 愿意参加各项口语表达的展示和比赛活动 2. 形成了稳定的心理状态和积极向上的精神品质	6.1.1 了解口语表达活动的内容和分类 6.1.2 参加口语交流社团，积极参加口语训练和展示，重视口语比赛的机会 6.2.1 阐明演讲的说服力，在义正词严中培养严密的逻辑思维，养成自信的性格品质 6.2.2 描述朗诵的感染力，在涵泳优游中润泽心灵，学会理解作者、理解他人 6.2.3 剖析辩论的思辨力，在团队合作中感受集体的力量，强化团队意识与合作能力 6.2.4 再现情境交际的生动性，形成稳定的心理特征 6.2.5 对比参与前后案例，用实例证明自己的心理素质得到了显著提高 6.2.6 对比参与前后言行，用实例证明自己的自信程度、团队意识、合作能力等得到了显著提高； 6.2.7 主动参与和组织口语知识的宣传和推广

（2）高中两年语文口语教学课程的教学内容设置

整理使能目标，确定教学内容	教学单元
1. 简洁说出语言表达的内容和作用(1.1.1,1.1.2) 2. 理解口语表达的定义、形式、作用(1.1.3,1.1.4,1.2.3,1.2.4,1.2.5,2.1.1,2.1.2,6.1.1) 3. 了解当下高中生的口语表达现状(1.2.1) 4. 了解21世纪关键能力的内容及分类(2.3.1) 5. 重视并愿意参与有关口语表达学习和实践的活动(1.3.1,1.3.2,1.3.3)	什么是口语表达？为什么要学习口语表达？

（续表）

整理使能目标,确定教学内容	教学单元
1. 明确《普通高中语文课程标准(2017 年版 2020 年修订)》及 21 世纪关键能力对口语表达的相应要求(1.2.2,2.2.3,2.3.2) 2. 了解常用评价工具及评价方法(2.2.1,2.2.2,5.2.1)	高中生语文口语表达能力的评价标准有哪些?
1. 准确区分演讲、朗诵、辩论、情境交际的异同(4.1.5) 2. 掌握演讲的概念和要求(3.1.1,3.1.2,4.1.1) 3. 掌握写好演讲稿的方法和技巧(选题艺术、选材艺术、组织艺术)(3.1.3) 4. 掌握演讲的方法和技巧(音、情、技)(3.1.4,4.2.1) 5. 理解朗诵的概念和要求(3.2.1,3.2.2,4.1.2) 6. 学会选择朗诵稿和配乐(3.2.3,3.2.4) 7. 掌握朗诵的方法和技巧(音、情、技)(3.2.5,4.2.2) 8. 理解辩论的概念(3.3.1,4.1.3) 9. 掌握辩论赛的规则和礼仪(3.3.2) 10. 掌握辩论的方法和技巧(3.3.3,4.2.3) 11. 了解情境交际的特点、目标、常见方式及方法策略(3.4.1,3.4.2,3.4.3,4.1.4,4.2.4)	口语表达常见形式的系统学习。
1. 分析交际对象和场合的特点,明晰交际目的(4.1.6) 2. 进行口语表达的训练活动或比赛(3.1.5,3.2.6,3.3.4,4.3.1,4.3.2,5.3.3,6.1.2)	口语表达常见形式的实操训练。
1. 能阐述演讲、朗诵、辩论、情境交际等口语表达形式的魅力所在(5.1.1,5.1.2,5.1.3,5.1.4) 2. 反思学习过程中自己的进步,交流实践过程中的困难点(5.3.1) 3. 制定参加口语训练的科学规划,积极实践,综合运用口语知识,提高口语表达水平(5.3.2)	口语学习的再行动(深化)。

（续表）

整理使能目标，确定教学内容	教学单元
1. 阐明演讲的说服力，在义正辞严中培养严密的逻辑思维，养成自信的性格品质（6.2.1） 2. 描述朗诵的感染力，在涵泳优游中润泽心灵，学会理解作者、理解他人（6.2.2） 3. 剖析辩论的思辨力，在团队合作中感受集体的力量，强化团队意识与合作能力（6.2.3） 4. 再现情境交际的生动性，形成稳定的心理特征（6.2.4） 5. 对比参与前后测查，用实例来证明自己的口语表达能力得到了显著提高（5.2.2） 6. 对比参与前后案例，用实例证明自己的心理素质得到了显著提高（6.2.5） 7. 对比参与前后言行，用实例证明自己的自信程度、团队意识、合作能力等得到了显著提高（6.2.6） 8. 主动参与和组织口语知识的宣传和推广（5.3.4，6.2.7）	口语教学的评价。

参考文献

[1]林崇德. 21世纪学生发展核心素养研究[M]. 北京:北京师范大学出版社,2016.

[2]中华人民共和国教育部. 普通高中语文课程标准(2017年版2020年修订)[M]. 北京:人民教育出版社,2020.

[3]潘涌. 直面世界:语文口语交际教学新概念[J]. 教育科学研究,2004(8):40-43.

[4]师曼,刘晟,刘霞,周平艳,陈有义,刘坚,魏锐. 21世纪核心素养的框架及要素研究[J]. 华东师范大学学报(教育科学版),2016(3):29-37+115.

[5]田良臣. 从口语课程建设的高度来思考口语交际教学的推进[J]. 今日教育,2008(5)32-33.

[6]王绍林,彭金祥. 略论高中语文教学中的听说教育[J]. 语文建设,2014,(33):15-16.

[7]张华. 论核心素养的内涵[J]. 全球教育展望,2016,45(04):10-24.

[8]张奇. 罗杰斯的学习观和教学观[J]. 中学语文教学,2004(3):9-11.

[9]张莹,冯虹. 基于核心素养的教育质量评价指标体系的构建与应用[J]. 教育探索,2016(7).

[10]陈鹏程. 高中口语交际教学现状研究[D]. 福建:福建师范大学硕士论文,2017.

[11]钟启泉. "核心素养"的习得养成[N]. 中国教育报,2016-11-02(1).

后　记

基于对语文教育教学近二十年的理解与实践，我撰写了这本《有声语文：诗性体验与智性思维的再生长》，率先提出“有声语文”教学主张，积极创建“有声语文”课堂教学实践模式，期待学生在“无声学习”与“有声输出”相辅相成的深度学习中实现诗性体验与智性思维的再发展，在六种语文活动形态中得到全面提升，从而实现“有声语文”的价值追求。

期间，许多领导、同事、朋友给予了支持和帮助。在此，向帮助我成长的济南市历城第二中学及各位学校领导表示衷心的感谢。具有美好教育情怀的语文组同仁以及我的团队成员张遵磊、李焕琨、刘晋君、李方方、张敏敏等，也对本书出版给予了大力支持和帮助，特此表示诚挚的谢意。同时，也特别感谢新加坡南洋理工大学陈亚凤女士、华东师范大学王建军教授、济南市教研院万福成老师，是他们最早对本书撰写进行指导，提出建议。也衷心感谢济南新经典图书有限公司梁庆山先生和济南出版社的工作者们，是他们大力支持、辛勤工作，才有了今天这本书的面世。所有在此书出版过程中给予我关怀和帮助的朋友、同事，在此也一并谢过。

这本书虽然是教学研究的成果呈现，但它绝不是终点，在我们教学的道路上，它恰是新追求的开始。它是稚嫩的、不成熟的，望各方专家给予批评指正。我将带着关怀我成长的领导、前辈、朋友的期待与祝福，继续跋涉在学习和探索的道路上，期待有更好的成果回报大家的厚爱！